T0147040

DE LA
OSCURIDAD A
LA LUZ

DE LA OSCURIDAD A LA LUZ

MARY ESCAMILLA

Número de Control de la Biblioteca del Congreso de EE. UU.:   2020911305
ISBN: Tapa Dura   978-1-5065-3313-1
             Tapa Blanda   978-1-5065-3312-4
             Libro Electrónico   978-1-5065-3311-7

Las opiniones expresadas en este trabajo son exclusivas del autor y no reflejan necesariamente las opiniones del editor. La editorial se exime de cualquier responsabilidad derivada de las mismas.

El texto Bíblico ha sido tomado de la versión Reina-Valera © 1960 Sociedades Bíblicas en América Latina; © renovado 1988 Sociedades Bíblicas Unidas. Utilizado con permiso. Reina-Valera 1960™ es una marca registrada de la American Bible Society, y puede ser utilizada solamente bajo licencia.

Información de la imprenta disponible en la última página.

Fecha de revisión: 20/06/2020

Para realizar pedidos de este libro, contacte con:
Palibrio
1663 Liberty Drive
Suite 200
Bloomington, IN 47403
Gratis desde EE. UU. al 877.407.5847
Gratis desde México al 01.800.288.2243
Gratis desde España al 900.866.949
Desde otro país al +1.812.671.9757
Fax: 01.812.355.1576
ventas@palibrio.com
815138

ÍNDICE

PRÓLOGO

Cómo no recordar aquella época en que éramos una familia muy unida, que en nuestro hogar reinaba la felicidad y hasta se puede decir que teníamos una situación económica desahogada, aunque mis papás y yo tuviéramos que trabajar con mucha responsabilidad y ganas, tal como se debe atender y administrar un negocio propio.

"El que tenga tienda, que la atienda. Y si no puede atenderla, mejor que la venda", decía un popular "dicho" o "refrán" de aquel tiempo y esa expresión tenía mucha sabiduría.

"La Tiendita", así se llamaba aquella miscelánea propiedad de mis padres, que ellos habían iniciado con gran visión puesto que en el barrio en que vivíamos, antes que la nuestra, no existía ninguna otra. En efecto, ese negocio familiar era el único que había en el rumbo y mis papás supieron cómo atraer clientes y llenarlo de ellos, pues ambos tenían algo especial en su forma de tratar a su clientela, así como para seleccionar los productos que ahí vendían.

Pero no siempre las cosas acaban bien, aquello que iba de bueno en mejor sufrió un quebrantamiento total que cambió por completo nuestras vidas.

Errores que muchos o algunos padres cometen pero que irremediablemente los hijos pagan sin deberlo, porque ellos son ajenos a las decisiones de sus progenitores y que, sin embargo, los convierte en víctimas de las circunstancias.

Yo no fui la mayor de entre seis hermanos, fui la tercera y siempre muy apegada a nuestros padres quienes me tenían muchas consideraciones y me apoyaban como estímulo, quizás porque era muy entregada y todo lo que comenzaba intentaba llevarlo a buen puerto, a hacerlo de la mejor manera posible y siempre con la mejor actitud.

Los nombres de los personajes de esta historia han sido cambiados por razones obvias, cualquier parecido con hechos de la vida real es mera coincidencia.

De todo corazón,
Reverenda Mary Escamilla.

¡QUÉ TIEMPOS AQUELLOS!

Mi padre, de nombre Pedro, era ingeniero y trabajaba en una empresa paraestatal en la cual ganaba muy buen salario, razón por la cual pudo ahorrar una cantidad considerable para abrir un negocio, "La Tiendita", en el momento que ambos, mi mamá Esperanza y él, consideraron el más oportuno viendo las necesidades existentes entre nuestros vecinos. Por ese tiempo yo era muy pequeña.

Desde entonces, desde la apertura del negocio, en aquel barrio la gente nos apreciaba, nos veía con buenos ojos y… Nos "pedían fiado" (mercancías que mis papás les proporcionaban y que después los vecinos les pagaban con la mayor puntualidad posible, como agradecimiento a la confianza que les habían dado). Sí, esa era una forma como se negociaba en aquel tiempo.

Mi madre, que era muy inteligente, positiva y trabajadora, se las ingenió para llevar un registro de los artículos que les "fiaba" a las personas que lo solicitaban. Para ello, ella colocaba sobre una de las paredes de la tienda y fijándolo con "tachuelas", un pliego de papel de estraza (o papel madera) de forma rectangular tal vez de un metro por ochenta centímetros, en el cual iba anotando el nombre de la o el cliente, el artículo "fiado" (prestado) y lo que éste costaba. De manera tal que para quien tuviera una vista 20-20 (muy buena) podía enterarse de las compras y los débitos que tenían esos clientes. Permítanme exponerles algunos ejemplos que ahora recuerdo: "Pascualita, un kilo de frijol y medio de arroz. Total $1.20". "Juan, del 42, un kilo de huevo y un kilo de longaniza. Total $5.10". "Juan, del 33, una barra de pan, un cuarto de kilo de jamón y una lata de chiles. Total $3.80". Y así por el estilo. Cuando coincidían dos nombres, mi mamá los diferenciaba anotando el número que correspondía a la casa o apartamento en donde el o la cliente vivía.

Pero nadie se inmutaba por ello, se trataba de una tradicional forma de transacción comercial en la que el cliente se sentía reconfortado al ver que cuando ya había pagado por aquello "fiado" (prestado), mi mamá lo borraba de la lista pues las anotaciones ella hacía estaban escritas con lápiz, así que bastaba con que pasara sobre esas líneas un "borrador" y éstas desaparecían. Pero lo más común era que si mi mamá por sus múltiples ocupaciones olvidaba en dónde había puesto el "borrador", entonces estando enfrente de su cliente tomaba un crayón negro y "tachaba" los datos de aquella operación comercial ya saldada. Entonces él o la cliente se sentían doblemente satisfechos; primero, porque cuando necesitaron "eso" lo obtuvieron "prestado" y, segundo, porque ahora ya habían cumplido con su compromiso y habían saldado su deuda. Eso fue así durante algunos años.

Mis papás y yo éramos muy hábiles para hacer "cucuruchos" (un tipo de conos) con papel periódico, cada uno los hacía de diferente tamaño porque de acuerdo a éste era lo que en él despachábamos. En uno grande, por ejemplo, poníamos una docena de huevos, en el mediano, un kilo o medio kilo de habas, frijoles u otro artículo similar. ¡Ah!, pero si se trataba de empaquetar azúcar, harina o sal, para eso hacíamos "cucuruchos" de papel de estraza, claro, para esos productos usábamos este tipo de papel de color marrón y que es resistente. Porque cabe mencionar que antes todo se reciclaba.

No podíamos contar con mis hermanos mayores para que ayudaran en "La Tiendita", ellos dos siempre tenían un pretexto para no hacerlo, se perdían por horas jugando fútbol en las calles o si ya era más de mediodía tampoco podían ayudar pues debían ir a la escuela en el turno vespertino.

Yo no, recién había empezado a estudiar la primaria en el turno matutino y en cuanto regresaba de la escuela iba al negocio a ver en qué le podía ayudar a mi mamá; acomodando los envases de refresco (gaseosa), barriendo, limpiando y haciendo "cucuruchos", aunque fuere sólo por algunas horas mientras mi papá regresaba de su trabajo y me relevaba. Él pasaba por la casa y recogía la comida que había preparado mi abuelita, la llevaba a la tienda y ahí comían mi mamá, él y mi otro hermano dos años mayor que yo.

En cuanto mi papá entraba me decía: "Ándale Chabela, hijita, vete a la casa, comes y luego haces tu tarea escolar. Gracias mi amor, por haber venido a ayudarle a mami".

De esa manera yo me iba satisfecha porque sabía que mi abuelita Ruth tendría comida caliente para mí, que me recibiría como siempre con un gran abrazo y un beso, pero también porque podría hacer mi tarea pues por nada yo dejaría de hacerla. Me daba enorme gusto ver a mis hermanos pequeños cuando entraba y ellos me abrazaban con cariño, en parte fue ese amor que nos teníamos, ese acercamiento filial, lo que me hizo reaccionar cuando las cosas cambiaron en nuestro hogar.

Mis papás regresaban a la casa por la noche, siempre cansados lo mismo que yo, y caíamos rendidos al merecido descanso. Mi mamá se la pasaba todo el día en "La Tiendita" y mi papá además de su trabajo, remataba por las tardes yendo a ayudar a mi mamá. Sí, "teníamos negocio y lo atendíamos", aunque el cansancio se había vuelto parte de nuestra rutina diaria. A decir verdad, la tienda estaba ubicada en nuestra propia casa, en una accesoria o local comercial que mi papá había acondicionado. Era muy buena época y de mucha prosperidad, bueno, en aquel tiempo decían que "a los perros los amarraban con longaniza (chorizo, embutido)" y no se la comían.

Ahora que ya estaba estudiando, aprendí las operaciones de las matemáticas y "salí buena para los números, igual que mi mamá y mi papá" pues pronto le ayudé a ella haciendo sumas de lo que pedían los clientes, ella siempre hacía mentalmente la operación y si mi respuesta era correcta, entonces la aprobaba moviendo su cabeza.

Durante esos años de sacrificio como propietarios de un negocio, la situación económica en nuestro hogar iba en aumento, quizás debido a eso fue que mi mamá siguió atendiéndolo con mucho esmero, a pesar que mi papá ya casi no iba pues a causa de su trabajo estaba viajando constantemente, en ocasiones durante varios días. Aun así todo parecía continuar con normalidad, no obstante, sobre nosotros se cernía una traición, una terrible pérdida.

Mis hermanos mayores iban a "regañadientes" a ayudarnos a mi mamá y a mí, pero en pocas veces y sólo en ratos, porque siempre hallaban la forma de escaparse. Fueron días en que mi abuelita, que vivía con mi abuelito y más cerca de "La Tiendita", nos llevaba comida para las dos. Igual, las dos salíamos del negocio tras de mucha actividad durante todo el día, ocupadas desde la mañana hasta la noche. Era hasta entonces en que yo me ponía a hacer mi tarea. ¡Wow!, de veras que era un agotador trajín diario que jamás se detenía. Sobra decirles que mi mamá y yo terminábamos siempre rendidas al igual que mi hermano, era mucho trabajo.

Se llegó la fecha de mi cumpleaños y mis papás decidieron hacerme una fiesta un día sábado, me compraron un vestido y unos zapatos muy bonitos, lo mismo que un pastel exquisito. Ese día "La Tiendita" fue cerrada al mediodía pues a la reunión llegaron mis abuelitos, tíos y primos. Fue muy agradable verlos a todos allí. Mis hermanos mayores en vez de felicitarme lanzaron un dardo lastimando mi corazón: "Claro, a ella le hacen fiesta porque es la que más ayuda en el negocio. Pero a nosotros no nos hacen fiestas, por supuesto que no". ¡Bah!, no me importó escuchar aquello, yo quería disfrutar mi cumpleaños y divertirme lo máximo posible. Fue la última vez que nos tomamos una foto juntos mi mamá, mi papá y yo, mientras que a ambas nos decía que nos amaba, que éramos todo para él. Cabe mencionar que toda la familia afirmaba que mis padres eran la pareja ideal, el uno para el otro, porque se amaban mucho. Pero no sé qué pasó ni lo que sucedió, fue en un abrir y cerrar de ojos, en muy poco tiempo.

Otra vez mi papá dijo que saldría de viaje y se quedó en la casa para empacar su ropa, luego se iría para la estación del ferrocarril. Mi mamá se dirigió a "La Tiendita" y yo me fui para la escuela. En cuanto salí de clases me dirigí al negocio para ayudarle a mi mamá y más tarde se apareció mi abuelita llevándonos aquella exquisita comida que sólo ella sabía preparar.

Pero en esta ocasión sentí algo raro, al igual que mi abuelita, tanto así que ella le preguntó a mi mamá.

—Hijita, ¿no crees que tu marido se llevó demasiada ropa hoy, qué de veras Pedro va a estar mucho tiempo de viaje?

—No sé mami, tal vez esa ropa la llevó a lavar o qué sé yo. La verdad que no vi lo que él llevaba cuando se fue, porque yo ya me había venido para acá. Respondió mi madre.

La verdad que no me pude explicar por qué, pero al escuchar esa plática entre mi abuelita y mi mamá, yo sentí algo feo en mi estómago, como si de repente todo se encogiera dentro de mí y me provocara dolor. Era porque tenía discernimiento desde pequeña.

Y fue hasta por la noche que llegamos a nuestra casa y que mi mamá entró a su recámara para ponerse unas pantuflas (zapatos de descanso), que halló en su tocador el nefasto sobre que mi padre le había dejado. Lo leyó y lo que surgió de ella no fue una exclamación de enojo, fue un lamento desgarrador, como el de un animal herido mortalmente, al cual la vida se le escapa. Así escucharon mis oídos.

¡Qué cobardía la de mi padre! Ni siquiera fue capaz de decírselo frente a frente, cara a cara, no, recurrió a lo más bajo y ruin, dejarle un escrito en el cual le confesaba su infame traición, el cuál decía:

> "Dile a mis hijos que los quiero mucho, también a ti, sin embargo, he tomado una decisión; ellos están creciendo y no quiero que se den cuenta que yo ya tengo otra familia y que estoy enamorado de otra mujer. A ti también te quiero mucho y a mis hijos, porque tú fuiste mi primera esposa y mi amor verdadero. Sin embargo, es por eso que hoy tomé una decisión determinante porque ahora estoy enamorado de otra mujer, quien me exigió que me decidiera entre tú y ella, porque además vamos a tener un hijo y ya está por nacer".

Ese escrito lo leí años después y no entendí por qué razón mi madre, en vez de romperlo o quemarlo, lo guardó en una cajita de madera durante todo ese tiempo. Si yo lo pude ver fue por mera casualidad o coincidencia, cuando buscaba mi acta de nacimiento que me pidieron en la escuela. Fue ahí cuando leí esa carta. ¡Qué dolor!, sentí que se desgarraba mi corazón, no podía creerlo, mi héroe se desmoronaba, el que creía muerto, ¡mi padre me abandonó!

¡Qué cobardía!, yo estaba muy pequeña y en ese tiempo honestamente no entendía nada de lo que sucedía entre mis padres, veía llorar a mi mamá, la veía sufrir mucho. Veía cómo mi abuelita trataba de consolarla abrazándola con mucho amor.

Así pasó el tiempo, soportando ese dolor de no ver más a mi padre y viendo cómo se desmoronaba mi madre. Lo que nunca entendí fue cómo o por qué ella calló durante mucho tiempo y nos hizo creer a mis hermanos y a mí que mi padre seguía de viaje y estaba trabajando.

Pero tiempo más tarde nos dijo que él había muerto, que le pidiéramos a Dios por él y le enviáramos bendiciones.

Bueno, tal vez esa mentira piadosa de mi madre consoló mi corazón, eso fue antes que yo leyera ese escrito que ella guardaba, pensaba que mi papá había fallecido, inclusive la sabiduría de mi madre hizo que a nuestras actas de nacimiento les pusieran "finado" (muerto) en el espacio del nombre del padre, para que nosotros lo creyéramos así. Pensábamos que él estaba en el cielo, sin embargo, años más tarde cuando ya todos éramos adolescentes, que es la etapa más difícil para cualquier ser humano, por medio de una tía hermana de mi mamá nos enteramos de la verdad, bueno, yo no porque ya había leído aquella infame carta, por lo que sólo reconfirmé que mi padre, ese hombre amoroso, cariñoso y dedicado a su familia, nos había abandonado.

¡Qué terrible noticia!, yo hubiera preferido seguir creyendo que mi papá estaba muerto y no que nos había dejado a mis hermanos y a mí, claro y a mi madre, a la que él le decía que la amaba y que se habían casado para toda la vida, hasta que la muerte los separara.

¡Qué injusticia!, esa noticia les afectó a mis hermanos más grandes y por supuesto a mí, que era la única mujercita de aquel matrimonio que parecía ejemplar. ¡Qué terrible!, mis hermanos se desorientaron tanto que hasta cayeron en las drogas. Y cabe mencionar que para ese tiempo mi mamá ya estaba muy mal, esa traición había marcado tanto su vida que se había tirado al vicio del alcohol. Lo fue haciendo poco a poco para aliviar su dolor.

Para entonces "La Tiendita" ya estaba cerrada pues no había recursos para reabrirla. Mi mamá tuvo que salir a trabajar y su mente se notaba trastornada, vivía por vivir, yo creo que el único motor que la motivaba para seguir adelante en ese tiempo éramos nosotros, sus hijos. Su carácter cambió, se volvió agresiva, distante y por supuesto todos resentimos todo ese daño.

Y así continuaban nuestras vidas en esa oscuridad, yo lloraba y conversaba con Dios, le preguntaba ¿qué había pasado con mis padres y ahora con mis hermanos? ¿Cómo?, después de ser una familia con principios morales y prosperidad, ahora todo estaba quebrantado, no sabíamos para dónde ir, vivíamos a la deriva.

Afortunadamente, al ver a mi madre sola y casi desprotegida, mis abuelos decidieron mudarse con nosotros para ayudarla y así ella pudiera trabajar. Agradezco mucho a Dios que mis abuelitos se decidieran ir a vivir con nosotros porque, gracias a ellos, conocí el verdadero amor a la familia. Ellos eran muy dulces y tiernos, a mí me tenían protegida y me cuidaban muy bien, no me podía quejar pues en ellos encontré la compañía que mis hermanos mayores nunca me dieron.

La presencia de mis abuelitos en casa fue una bendición de Dios, nunca me había sentido tan feliz como en aquel entonces. Estoy segura que, sin ellos, mi vida hubiera sido más desdichada. Con el abandono de mi padre, mi mamá, día a día, se convertía en una persona histérica, todo le parecía mal y tomaba demasiado, tanto que terminó siendo una bebedora y ya no se preocupaba por nosotros.

Aunque mis abuelitos nos cuidaban con esmero, no tenían control sobre mis hermanos mayores, quienes años después también cayeron en un vicio peor que el del alcohol, el de las drogas. Y todo por la falta de orientación adecuada de un padre y una madre, cosa que en mi casa no existían por la ausencia de mi padre y el alcoholismo de mi madre.

Pero para colmo de las tragedias, los únicos que nos cuidaban, nos protegían y nos amaban, nuestros amados abuelitos, murieron ambos en un lapso de dos meses de diferencia, después de haber estado casados por más de cincuenta años y siempre muy unidos.

Mi abuelito no pudo soportar la muerte de nuestra abuelita Ruth y también él falleció a poco más de un mes que ella se fuera al plano celestial. Imaginen ustedes, fue una vida de oscuridad y tragedias. ¡Qué dolor más grande! Ambos se nos fueron uno detrás del otro.

Aun en la escasez, yo cosechaba

La vida tuvo que proseguir y yo, sobreponiéndome a la pena de haber perdido a mis abuelitos, en vez de seguirlos llorando y dejarme caer derrotada, prometí que en nombre de ellos lucharía para poder continuar contribuyendo con la comida de mis hermanos y mi madre.

De verdad que era tan sagaz, emprendedora y luchadora, que busqué una mejor forma de vivir para mis hermanos más chicos y para ella;

trabajando siempre y ayudando sin descanso. Yo misma me sorprendía por todo lo que hacía, por cómo me rendía el tiempo y me sentía bendecida porque siempre encontraba cosas, tareas y hasta trabajo pesado para realizarlo.

Les "acarreaba" cubetas con agua y se las llevaba hasta las casas de esas personas, cabe mencionar que era una labor pesada pues las cargaba apoyada en un "aguantador" sobre mis hombros y una cubeta colgando a cada lado… Y yo era muy pequeña y flaquita.

Reconozco que tenía mucha fuerza, tenacidad e inteligencia, los cuales echaban a volar mi imaginación y así hallaba una manera honrada de ganar dinero. Aunque no era muy disciplinada porque mi hiperactividad me superaba, todo lo que me proponía lo lograba con la ayuda de Dios.

Probé a vender, casa por casa, algunos artículos escolares; cuadernos, lápices, crayones de diferentes colores, borradores de goma, "plumas atómicas" que entonces eran la novedad, a las que se les podía cambiar "el repuesto o cartucho de tinta" con la que escribíamos, pues ya estaba pasando de moda el uso de las bellas "plumas fuente".

Mi creatividad e hiperactividad me acompañaban siempre, así que me las ingenié para la creación de "un buen negocio", no en balde había trabajado al lado de mis padres en "La Tiendita", no le tenía miedo al trabajo ni a enfrentar los retos que yo misma me ponía. Así que aprovechando que en esa época existían unos muñequitos de plástico que a todos los niños les encantaban, como lo son hoy en día las princesas y otros personajes muy famosos.

Así que no lo pensé más y me dirigí a un mercado de la localidad en donde podía recoger cajas de cartón que los vendedores ya no iban a usar, de manera que me llevé la más grande que hallé, la puse boca abajo y usando un clavo metálico hice agujeritos en los que coloqué paletas, dulces y, al centro, los muñequitos de plástico.

Ya tenía en mente lo que sería el complemento de este juego y busqué llantas de autos (neumáticos) que hubieren sido quemadas, de esa manera pude quitarles los alambres que formaban parte de su construcción. Luego flexioné los alambres hasta que se rompieron y entonces seleccioné trozos de casi el mismo largo, con los que fabriqué aros. Los hice uno a uno hasta que reuní los suficientes para que mis compañeros de escuela jugaran. Ya antes había conseguido trozos de yeso, los que machaqué hasta convertirlos en polvo y con él pinté una línea blanca sobre la tierra, era como una 'marca' donde se debían parar los participantes y, sin rebasarla, desde allí los niños lanzaban los aritos de alambre con el deseo que éstos cayeran sobre una paleta, un dulce ¡o un muñequito!, que era "el premio mayor".

Ese era mi negocio, lucrativo por cierto, del cual, el dinero que ganaba, lo reinvertía. Por supuesto que también compraba pan, leche y otros alimentos para mis hermanos pequeños. Además pude comprar uniformes, útiles escolares y zapatos, para mí y mis hermanitos.

Otro dinero lo ganaba lavando "puestos" (locales) del mercado con escoba, cubetas y agua, así también obtenía ganancias, una moneda de 20 centavos que en esa época eran muy buenos, ya que con ellos compraba azúcar y/o piloncillo (panela), además de canela con los cuales hacía frutas cubiertas con dulce. Asimismo, preparaba conservas y postres que iba a vender casa por casa. Increíblemente siempre fui y sigo siendo bendecida y creo no equivocarme porque a mí el dinero me ha rendido y nunca gracias a Dios he vivido en escasez. Por eso digo que es mejor dar que recibir, eso está escrito en la Palabra; ser diligente y usar la sabiduría para las finanzas y sembrar siempre, sembrar en lo Alto, en el Reino, en la Obra.

Pero había más y empecé a vivir otra terrible pesadilla. De veras, cómo es la gente de cruel, cuánta maldad hay en sus corazones, porque esas mismas personas a quienes mis papás durante años les habían "fiado" (prestado mercancías de "La Tiendita"), muchas que ni siquiera les habían pagado, sí, esas mismas personas ahora abusaban de nosotros por el simple hecho de vernos solos, desamparados y pequeños.

Claro, mi madre trabajaba mucho para poder proveernos de comida, trabajaba desde la mañana hasta la noche y cuando llegaba a la casa tomaba licor, ella permanecía soportando ese dolor incesante que le dejó el abandono de mi padre, pero de él ni sus luces, nunca volvió a aparecerse en nuestras vidas, parecía que se había olvidado de nosotros y mis hermanos más grandes, quizás orillados por esa misma situación, andaban perdidos en el vicio… Lamentablemente, así hay muchas familias disfuncionales. Así y sin esperanza de seguir viviendo o de ver la luz.

Cómo recuerdo esos días de oscuridad en mi vida, en qué desequilibrio nos había dejado mi padre. Y les decía que los vecinos nos ponían a realizar quehaceres pero con maltratos, algunos únicamente nos daban la comida como pago y otros hasta se atrevían a golpearnos.

Esto que les voy a comentar les parecerá inaudito, pero fueron cosas que viví con personas de mal corazón, desequilibradas, enfermas mentales, llenas de frustración y rencor, quienes se atrevieron a ponerme su mano encima, a golpearme a mí y a mis hermanos pequeños. Pero a todas ellas les he perdonado, bendecido y oro por todas donde quiera que se encuentren, clamo porque Dios tenga misericordia de ellas.

Una fue Lupe la gorda, una mujer como de 35 o 40 años, bonita de rostro pero fea en sus sentimientos, su cuerpo se asemejaba a un barril por lo gruesa que estaba, ella tenía cinco hijos a los que cuidaba y defendía a capa y espada, pero que a mí me mostraba un increíble y morboso odio cada vez que me veía y tenía al alcance de sus manos. En efecto, 'Lupe la gorda' (cabe mencionar que ese apodo se lo puso su propia familia), me agredía siempre que me veía, me agarraba de los cabellos y me los jalaba como enajenada, me golpeaba con lo que hallara a su paso y eso sí, siempre terminaba por darme "cachetadas" (bofetadas) en el rostro y lo hacía con una saña inmensa. Sin embargo, la perdoné y olvidé.

Jamás entendí por qué ella me hacía eso, yo no le había dado motivos para odiarme de tal manera y mucho menos para que me agrediera. Lo peor que yo nunca fui capaz de delatarla con los adultos, con mi madre o mis hermanos mayores. Tal vez inconscientemente estaba yo tan amedrentada por los golpes de esa señora, ya que al no poder reaccionar de mi sorpresa, de mi estupor, optaba por guardar silencio y nunca dije nada porque le tenía mucho miedo a esa agresora. Entonces, era yo una niña muy flaquita, chiquita y desnutrida, que siempre estaba enferma y ni quien me llevara al doctor. Pero aun así tenía mucha energía, Dios me daba esa fortaleza.

La situación fue a menos cuando una de mis vecinas, Cristina, que vivía enfrente de mi casa, vio cuando esa señora me estaba abofeteando, entonces ella intervino y le paró el alto, le preguntó por qué me pegaba y como respuesta obtuvo un; "¡porque se me antoja!". ¿Qué te ha hecho ella para que le pegues así?, "¡No me ha hecho nada, le doy (golpes) porque quiero".

Entonces mi buena vecina le advirtió (a Lupe la gorda) que si me volvía a pegar, ella la denunciaría con las autoridades. Después de eso las agresiones fueron menos frecuentes, pero hasta hoy en día desconozco por qué ella me maltrataba y me golpeaba. Quisiera que alguien me explicara que algo tan grave pude hacerle siendo yo una niña. ¡Vaya!, no recuerdo que jamás haya yo jugado con sus hijos ni mucho menos hacerles algún daño. Es inconcebible que nada más porque sí, una desadaptada social como ella me tuviera un odio tan inmenso. Y gracias a Cristina la cosa no llegó a mayores, porque sin su intervención quién sabe hasta dónde habrían llegado las agresiones de esta señora loca, enferma y llena de maldad en su corazón.

Al mismo tiempo fue Eva, una mujer de "cascos ligeros" (fácil) a la que involuntariamente descubrí un día en que me mandaron al mercado local y la hallé en pleno romance con quién creen, pues sí, con el señor que vendía carne allí, en ese mercado. La situación en que los encontré era por demás obvia y explícita, no había forma que yo me hubiera equivocado o malinterpretado. La cuestión fue que Eva nunca me agredió físicamente, pero verbalmente sí. Quizás Eva tenía temor que yo la "echara de cabeza" (la descubriera) ante su marido, don Pancho, pero yo jamás había hecho mención de eso o proferido una amenaza de delatarla, pero ella gozaba avergonzándome delante de otras personas y me decía: "quiten a esa niña de allí, no la dejen sentar con ustedes, seguramente tiene piojos en la cabeza y se los va a pegar", o "¡ay, qué pena me causa esa niña!, vayan ustedes a saber con cuántos hombres anda su madre desde que su esposo la dejó". Esas y tantas otras cosas más, no me dejaba participar en sus fiestas de cumpleaños o piñatas, ni a mí ni a mis hermanos los más chicos, ella nos tenía "tirria" (rechazo), siempre trataba de agredirnos y nosotros sólo éramos unos niños muy pequeños y prácticamente estábamos solos, desamparados y aún más maltratados. Cómo es la gente, perversa y maligna, cuando no tienen a Dios en su corazón.

Pues sí, pero aún no me explico cómo fui a caerles mal a esas dos mujeres enfermas y esquizofrénicas, quienes "me hicieron la vida de cuadritos" con sus golpes y con sus insultos.

Lo que además me hacía Eva, era que nos daba comida a mis hermanitos y a mí pero lo hacía de una manera grotesca y fea, por ejemplo, si me daba arroz cocinado, digamos que con carne y frijoles, todo lo ponía en un mismo recipiente y además le agregaba pedazos de tortilla o de "bolillo" (pan blanco) y lo revolvía todo, parecía comida para animales. Pero aquello, aunque era comida, no se antojaba por nada del mundo; con sólo ver aquel "batidillo" de alimentos mezclados y hasta echados a perder, causaba asco. Sin embargo, muchas veces lo comimos así pues no había otra cosa que llevarnos a la boca. Y eso sucedió desde el día en que a ella la "caché" (descubrí) con su amante.

Aquello era repugnante, pero esa era otra forma de agresión de la que Eva me hacía víctima y, no obstante, había otros que tenían misericordia de nosotros, por lo menos a mí me daban veinte centavos por los quehaceres que realizaba y esa era una bendición porque con eso me compraba galletas, algún dulce o simplemente lo guardaba. Qué difícil era mi vida, ya casi era una adolescente pero tenía la responsabilidad de mantener el hogar, a todos mis hermanos e inclusive a mi señora madre. Pero ella todos los días se encontraba con el cerebro embotado por tanto alcohol que bebía, entonces nos golpeaba, nos insultaba, no nos daba de comer porque no tenía dinero y en ese tiempo ya casi no trabajaba. Había ocasiones que no sabíamos nada de ella porque se desaparecía de la casa por varios días y nosotros quedábamos a la deriva, muy abandonados.

Mucho tiempo después supimos por un médico que ella desde su juventud sufría de esquizofrenia y sus papás nunca se dieron cuenta.

Lo más triste para mí era que mis dos hermanitos más pequeños, uno de 7 y el otro de 5 años, quienes obviamente también quedaron abandonados, tuve que tomar yo la responsabilidad por ellos. Contaba yo con apenas 9 años de edad, pero a mi madre no le interesábamos, no le importábamos, ni a mis otros hermanos mayores quienes también se desaparecían por temporadas. Aun así, yo sentía un dolor muy grande en mi corazón, porque ellos vivían en una confusión totalmente y también lloraban por la ausencia de nuestros padres. Qué vida de oscuridad y desventura, la que yo vivía día a día.

Aun En La Oscuridad Anhelaba Ver La Luz

Cabe mencionar que tiempo atrás, a unos años que mi padre nos abandonó, sucedió una tragedia en mi vida. Mi trabajo me ayudaba muchísimo, siempre que podía iba ahorrando algunas de las monedas que la gente me daba por realizar sus quehaceres, pues así podía comprarme mi uniforme para ir a la escuela. Yo estaba contenta a pesar de lo duro que fueron esos años de esfuerzo, trabajo, estudio y mucho sacrificio. Con la ayuda de Dios salí avante, pues siendo tan pequeña e indefensa trabajaba arduamente a todas horas para hacer más llevaderas nuestras vidas.

Pero sucedió que un día al salir de la escuela sufrí un grave accidente, en mi prisa por llegar a lavar y realizar los quehaceres de las personas a quienes yo ayudaba, además de la prisa por ganar el dinero para la cena para mis hermanos, provocó que imprudentemente me cruzara la calle corriendo, sin darme cuenta que venía un auto a toda velocidad y éste me atropelló.

El enemigo siempre quiso destruirme

Aquel día fue nefasto, el auto que me atropelló pasó de largo sin detenerse dejándome tirada sobre la calle, la gente asustada se acercó para mirarme, tal vez el conductor asustado también creyó que me había matado, pero según algunos testigos yo moví una de mis manos y por eso se dieron cuenta que estaba viva, sin embargo, el chofer del auto al parecer también había visto por su espejo retrovisor el movimiento de mi mano y se echó en reversa para volver a atropellarme y matarme. Esto, según las declaraciones que después él mismo dio, aunque debo decirles que este deleznable sujeto jamás recibió castigo alguno. El enemigo siempre tiró a matarme, pero Dios en su gran misericordia decidió darme más vida porque tenía propósitos para la misma.

Y es que en nuestros países las leyes aparte de absurdas o raras fueron hechas para no respetarlas, para violarlas y para pisotearlas arbitrariamente. Porque según decían en aquel tiempo, que si dejabas a una persona malherida o inválida, era un delito mucho más grave que cuando la persona muere. Cierto, el cargo era absurdamente menor si mataban a la persona. Sí, es una gran locura pero así era.

Además, el tipo que me atropelló, resultó ser hijo de un político muy conocido en esa época y por lo tanto salió en libertad inmediatamente, a pesar que se encontraba totalmente ebrio en el momento en que me atropelló. Sin embargo, nunca le hicieron ningún cargo, mi caso quedó en la total impunidad, eso gracias al peso de las influencias de su padre, el político que como muchos otros en algunas de nuestras naciones tienen el poder de hacer o deshacer, de pasar por encima de personas agraviadas, por la poca dignidad de algunos malos servidores públicos corruptos, quienes se someten dócilmente a los deseos del poder convirtiéndose así en eslabones de una cadena de ilícitos que crece y crece. Pero aquello para Dios no queda impune, porque Él es tardo para la ira y pronto para la misericordia y tarde o temprano él tendrá su disciplina, el pago de sus actos y las consecuencias.

Por otro lado, los días pasaban y ya habían concurrido veintidós desde aquel cruel atropello, en el cual sufrí fracturas en el cráneo, en la pierna, en los dos brazos y varios golpes en todo mi cuerpo. Por esos días, a mi madre hasta se le pasó la borrachera por el puro susto y más aún cuando los doctores le dijeron que si lograba salir del estado de coma en que me encontraba, sólo hasta entonces me darían de alta. ¡Ah!, pero además le dijeron que saldría del hospital en silla de ruedas o con un botón en la garganta para poder hablar, para poder comunicarme de manera gutural, porque un tubo del auto que me atropelló se me había incrustado en la laringe. Imagínense en la encrucijada que se hallaba mi madre pues por ningún lado veía nada positivo referente a mi salud.

Mi abuelita Ruth me había enseñado a orarle a Dios desde muy pequeña y creo que con todas esas oraciones, mi fe, más las oraciones de ella, me ayudaron para salir avante de aquel desdichado atropellamiento, en medio de tantas desgracias acontecidas en mi vida. Y créanlo, así pasaron dos meses más estando yo hospitalizada y 22 días en coma, no cabe duda que Dios tenía un propósito para mi vida. Pero me recuperé casi completamente, no fueron necesarias una silla de ruedas ni nada por el estilo, como lo habían diagnosticado los médicos, que si salía del coma sería en una silla de ruedas o sin hablar. Pero no fue así, salí del hospital caminando, como si nunca hubiera sufrido un accidente de tal magnitud por el que casi me muero, pero Dios tenía planes para usarme y servirle más adelante. Cabe mencionar que a causa del accidente, tuve una herida en mi cuello supurando pus y sangre durante cinco años y no cerraba con nada. Qué terrible fue, dolor y vergüenza.

Retomando Nuestros Caminos

Nuestras vidas parecían tener sentido nuevamente, al tiempo que salí del hospital, uno de mis hermanos mayores salía de la cárcel con ganas de recuperar el tiempo perdido y hacer cosas beneficiosas, entonces se enlistó en el ejército y además se hizo, en parte, cargo de nosotros y de nuestra precaria situación. Él luchaba por salir adelante y, aunque ya estaba más tranquilo y había salido de la prisión, seguía atado a su vicio por las adicciones, en menor escala, por supuesto. Qué difícil es tener un familiar en drogas y adicciones, créanme que lo sé, es mucha la carga y un gran desequilibrio familiar, es un infierno, una real pesadilla vivir algo así.

Asimismo terminé mi escuela primaria en el tiempo estipulado, seis años, y sin presunción alguna les digo que lo hice con honores. Luego, al cumplir 12 años, yo seguía haciendo mis mejores esfuerzos por estudiar y seguir trabajando vendiendo diversas mercancías, además de limpiar las casas de las vecinas. Me sentía bien conmigo en lo personal pues yo misma, con la ayuda de Dios, me pagué mis estudios de la secundaria hasta que me gradué.

Por fin llegó el día de mi graduación, me sentía feliz porque lo había logrado en base a trabajar sin desmayar y podía ver mis esfuerzos coronados en el momento que recibí mi certificado de la secundaria técnica, con la carrera de secretariado ejecutivo bilingüe. Gracias a Dios, por fin empezaba a ver la luz y así terminaba de pasar el desierto y muchas pruebas más vendrían, pero me sentía con gozo y alegría.

Ya con mi certificado en la mano, inmediatamente busqué trabajo y logré colocarme en un famoso medio de comunicación, después en otro más importante y así sucesivamente. Aunque estaba muy joven era inteligente y superé a personas que tenían muchísimo más tiempo y experiencia que yo. Era que mi deseo por superarme me hacía realizar mejor mi trabajo, con más esmero, además que me gustaba colaborar con mis compañeros de trabajo, que tenía un buen carácter, que siempre ofrecía una sonrisa y también siempre estaba en la mejor disposición de servir a los demás, pues ese es el trabajo que más me gusta hacer y lo conservo hasta el día de hoy. Y usaba los dones y talentos que Dios me dio, los que activo poniendo en marcha los proyectos, siempre lo hago bajo la Dirección Divina en la actualidad.

En medio de trabajo arduo, con sagacidad, simpatía y amigos artistas famosos, logré buenos reportajes y me enteré de muchos 'chismes de la farándula'. Muchos de ellos se hicieron mis amigos, yo los invitaba a mi casa, allí nos reuníamos y hacíamos grandes bohemias. Por supuesto, algunos "colegas" me 'robaron' mis créditos, pero eso no me importó, yo seguí desarrollando mis talentos y empecé a reunir material para escribir mis propios libros que hasta la fecha ya son veintinueve. Durante mucho tiempo fui escribiéndolos hasta que logré publicarlos, todos con diferentes temas, por ejemplo; 'La Chancla Voladora', 'De Mendiga a Millonaria', 'Balance de Vida', 'Los Milagros de Dios', 'Las Mujeres que Dios amó', 'Limpia tu Corazón', 'La Maravillas de la Carne de Soya', 'Los Hombres que Dios Llamó', 'Memorias del Teatro Million Dollar', 'Las Aventuras de Pancracia', 'Historias de Amor', así como libros infantiles; 'Mugrocienta', 'La Casa de las Muñecas', 'El Príncipe Simón', 'La Sirena de la Atlántida', 'Mi Abuelita Cuquita' y éste que están leyendo, entre otros más. Gracias a Dios por tantos dones y talentos que me da.

Por Fin Llegó El Amor, Pero No Es Como Lo Pintan

Y siempre suceden las cosas en el momento que tienen que llegar. Lo que son las cosas, así conocí a mi primer novio formal quien luego se convertiría en mi primer esposo. Y bien, como toda adolescente, después de haber pasado toda esa odisea en mi vida, por fin creí que el amor había llegado y fue tan rápido, en un abrir y cerrar de ojos ya estaba enamorada y me sentía conquistada, el mundo se volvía color de rosa, o al menos así lo veía yo, y soñaba con mi vestido de novia de color blanco. Todo me parecía un verdadero sueño, yo estaba graduada, con un buen trabajo, con novio, enamorada y a punto de casarme, un cambio radical en mi vida.

Y no cabe que cuando llega el amor nadie ni nada lo detiene y mi hora había llegado, estaba locamente enamorada o tal vez ilusionada y lo mejor de todo que mi amor era correspondido, tanto así que en menos de seis meses ya estábamos comprometidos. Él era el hombre de mis sueños y aunque tenía diez años más que yo, era un hombre honesto y trabajador. Bueno, al menos eso pensaba yo, o eso me hizo creer para atraparme, pero más adelante fue la pesadilla de mi vida y un verdadero tormento, sin embargo, fui bendecida porque de este matrimonio nacieron mis hermosos hijos.

Aunque ustedes no lo crean, mi mamá nunca estuvo de acuerdo en esa boda y estaba cada vez más agresiva y exigente, quizás porque yo me había dedicado a mi trabajo y a mis estudios, por su parte, mis hermanos también mostraban su desacuerdo, seguramente pensando "¿Y ahora qué? ¿Si se nos va nuestra mina de oro cómo vamos a sobrevivir? Sí, ellos se habían hecho codependientes, se habían acostumbrado a mi ayuda, al fruto de mis esfuerzos y sacrificios. Hubo fechas en que doblaba turnos y trabajaba horas extras para llevar un poco más de dinero y cubrir todos los gastos de la casa, incluso mis dos hermanos mayores que tenían a su respectiva esposa e hijos… ¡Y todos ellos recibían mi apoyo económico y hasta las familias de ellas!

A pesar de la ayuda que obtenían de mí, jamás recibí un regalito o algún pequeño detalle el día de mi cumpleaños, por el contrario, siempre esperaron todo de mí porque lo veían como una obligación y no como una ayuda mía. Me miraban signo de $$$ en la frente, creían que era banco o beneficencia pública, pero es más privilegio dar que recibir.

Mi madre, luego que me casé, se puso insoportable con mis hermanos muy pequeños, los obligaba a trabajar y a que llevaran más dinero, de lo contrario los amenazaba o los castigaba con el cordón de la plancha, éste lo doblaba y con él les pegaba. A mí todavía me tocaron unos cuantos de esos latigazos y también me dio con 'la chancla voladora'. Ella se volvió extremadamente agresiva, en realidad no sé por qué, quizás era por el alcohol y el desamor por lo que se sentía frustrada y descargaba su dolor en nosotros. Sí, de su parte únicamente había malos tratos y exigencias. Ella nos pegaba, ¿cómo pudo cambiar tanto una persona que fue tan amorosa?, sin embargo, ahora no mostraba amor por sus hijos.

Más tarde aquel médico amigo nuestro, me comentó que a mi madre le hicieron varios estudios y exámenes que revelaron que tenía esquizofrenia y paranoia, pero que esa condición se manifestó más fuerte cuando ella entró en depresión por el abandono de mi padre.

Pero tras de aquel amargo episodio que más adelante les relataré, siendo aún una niña eché sobre mí responsabilidades que no me correspondían, unas cargas demasiado grandes pero que si no las hubiere yo tomado, si no me hubiera involucrado de la manera como lo hice, quién sabe cómo y dónde habríamos terminado mi madre, mis hermanos y yo. Eso Dios lo permitió, estaba en sus planes y propósitos para nuestras vidas.

Y bueno, gracias a que me casé salí de ese círculo vicioso, me alejé un poco de mi familia. Mi esposo, como era mayor que yo por 10 años, me orientaba mucho, me daba buenos consejos y todo parecía tan hermoso, hasta que su madre intervino en nuestra relación de esposos.

El defecto de mi esposo tenía, fue que le hacía caso en todo a su madre, quien era peor que la mía, era manipuladora, hipocondriaca y excelente actriz cuando quería conseguir algo de sus hijos, entonces 'hacía un gran teatro', fingía que se desmayaba y caía al suelo estrepitosamente asustándolos a todos ellos, quienes le creían sus falsedades y mentiras. Le creían todo.

Ella les decía que si algún día se iban de su lado se moriría y que allí tenían que vivir siempre, con ella, obviamente, hacía eso para que le dieran el dinero del esfuerzo de todos, mientras que ella se la pasaba sentada viendo televisión. Según ella, no podía hacer nada porque había quedado muy mal después de dar a luz a su último hijo, quien entonces ya tenía 21 años de edad. Imaginen ustedes, ¡qué holgazana!... ¡Y qué manera de vivir a costa de los demás!

Mientras que yo me amoldaba a mi nueva vida, después de haber salido de otra de maltratos por parte de mi madre y mis hermanos, ahora me conformaba con lo que tenía, mi esposo me pidió que ya no trabajara más y que me dedicara a la casa ayudándole a su mamá y yo, como estaba tan enamorada, accedí a su pedido y a todo lo que él quería. Bueno, a todo le decía que sí, ya ni dinero para la comida me daba por órdenes estrictas de su madre, ella le decía a su hijo que no era necesario darme dinero a mí como su esposa, pues yo estaba viviendo en la casa de ella, tenía hospedaje y recibía comida.

Ella decía que yo tenía que ganarme la comida haciendo los quehaceres de la casa, era muy abusiva esa señora "pingüino", bueno, así le puse yo como apodo porque estaba prieta y chaparra, pero además caminaba como lo hacen los pingüinos y como yo me sentía frustrada por su actitud, pues poniéndole ese apodo según yo ya me conformaba. Esa mujer era muy mala y yo joven e ingrata la apodé así, "la pingüino", lo confieso ahora.

Entonces, la señora empezó a manipularme a mí también, me ponía a realizar todos los quehaceres de la casa, a lavar la ropa de todos los que vivían allí, incluyendo a sus hermanas casadas, a sus esposos e hijos de éstas. ¡Ya parecía una Cenicienta!, yo era la sirvienta sin sueldo, quien por amor a mi esposo estaba dispuesta a soportar nuevamente maltratos y responsabilidades de otros. Una vez más hubo abuso en mi vida y yo lo permitía.

Amados lectores, eso se vuelve una codependencia y un estilo de vida. ¡Vaya!, hasta se acostumbra uno. Una vez más en la oscuridad y aún no perdía la esperanza, en medio de esa tempestad, así vivía.

Muchas veces casi no me quedaba tiempo para disfrutar de la compañía de mi marido, cuando él regresaba de trabajar iba directamente a saludar a su mamá y a contarle con detalles todo lo que le había sucedido durante el día, así que cuando terminaban ya era demasiado tarde y yo con lo cansada que estaba después de todo el trabajo que me "tocaba hacer", ya estaba dormida para cuando él llegaba a la recámara, bueno, al cuarto que mi suegra nos había asignado. Algunas veces logré quejarme de algunas cosas, pero él nunca tenía el tiempo suficiente para tener una larga conversación conmigo, siempre tenía pretextos y también se dormía ignorándome.

Así pasaron cuatro largos meses y, aunque no era feliz, me conformaba con la familia de mi esposo, por lo menos no veía violencia como la que vi en mi casa, ni escuchaba malas palabras, además, amaba a mi esposo. Unos días después de esos cuatro meses sin saber que estaba yo embarazada, pasó algo horrible. Vean, esa mañana, igual que todos los demás días y como era su costumbre, la madre de mi esposo me puso a lavar las jaulas de los pájaros (aves), el patio y también los trastes (platos y vasos). A diario ella me decía, "primero limpias y luego comes, ¿ok?". Y yo muy obediente, siempre hacía las cosas tal y como me las ordenaba para que ella no se enojara.

Justo ese día me dijo, "hoy me vas acompañar al doctor, así que apresúrate a lavar las jaulas de los pájaros y les das de comer". Me puse tan nerviosa que dejé abierta la puerta de una jaula y un pájaro se me escapó, cuando oí que trinaba y se iba volando, me quedé asustada pensando en la regañada que iba a recibir, pero como yo tenía el trauma de los malos tratos, decidí callarme y acompañarla al doctor. Les confieso que me fui muy preocupada y callada.

Ya en el consultorio, me encontraba sentada y asustada sin decir ni una sola palabra, entonces empecé a recordar mi vida pasada y me puse muy triste, cuando de pronto sentí un dolor muy fuerte en el vientre. ¡Lo que es la intuición de madre! Era mi hijo que me decía; "no estás sola, yo estoy aquí para defenderte". Era un varón del que ya latía su corazoncito dentro de mi vientre.

Como era muy joven e inexperta, no le di gran importancia a mi dolor, pensé que sería por hambre porque ese día la mamá de mi esposo no me había dado nada de comer, todo por su prisa de llegar a tiempo con su doctor. Pero a mí me había apresurado a limpiar las jaulas de los pájaros y la casa, y yo por miedo no pude decirle nada de la huida de aquella ave.

Así que regresamos a casa y cuando llegamos, ella se dio cuenta al instante que faltaba una de sus aves, casi se desmayaba, me insultó, me abofeteó dos veces y empezó "a sacarme todos los trapitos sucios al sol". Me dijo que por algo nunca le había caído bien, que era una malvada por haber dejado escapar su canario, que estaba en contra de ella y que le iba decir a su hijo que me corriera de la casa. Aún más, me dijo idiota, mal nacida, de todo, pero yo nunca le contesté porque la sola idea que me corriera de su casa me causaba pánico, pues me había casado en contra de la voluntad de mi madre siendo yo menor de edad y ella no quería saber nada de mí. Sí, desde que me casé, no nos habíamos vuelto a ver y sentí mucho miedo.

Mi mamá había sido bien clara conmigo desde el día que decidí casarme, me dijo que yo ya estaba muerta para ella y no precisamente porque le preocupara mi futuro, sino porque obviamente el de ella sí se veía incierto. Claro, era porque ya no iba recibir dinero de mi parte, porque en ese tiempo era yo la que solventaba todo. Pero aunque quisiera, no le hubiera podido dar ninguna ayuda porque yo ya no trabajaba y, si ni siquiera tenía para poder comer yo, mucho menos tenía para poder ayudarla a ella aunque quisiera hacerlo.

Sin embargo, en la familia de mi esposo, su madre, que era una experta manipuladora, lo manejaba como si fuera un niño de 10 o 12 años, es más, él tenía que pedirle permiso para "que yo pudiera entrar en la sala para ver la televisión" y hasta para tomar un vaso con agua, cuando decía que sí, solamente me dejaba ver media hora de programación, después de ese tiempo la apagaba abruptamente, ella se paraba frente al televisor y decía "ya se acabó", todo ahí era limitado. Entonces imagínense cuando esa señora estaba furiosa, yo andaba asustada pensando en todas las mentiras que le iba a decir a mi esposo cuando llegara del trabajo para que me corriera. Me fui a mi cuarto y me puse a llorar sin consuelo, luego, cuando me tranquilizaba empecé a llorar nuevamente al verlo entrar al cuarto. Y sí, la "señora pingüino", mi suegra, había logrado envenenarlo con sus mentiras y él le había creído. Mi exclamación fue: "¡Ayúdame Dios mío!".

Y me preguntaba internamente, ¿por qué hay personas que disfrutan ver sufrir a otras, a los demás, que gozan maltratando gente? Esos son hijos del mismo Diablo. ¡Ah!, pero eso sí, era muy religiosa, tenía colgados a todos los santos e imágenes habidas y por haber. Y por si fuera poco a todas esas imágenes les encendía velas y según ella les rezaba con mucha devoción. Cheque usted, ella era una idólatra señalando a todos y con mucho odio en su corazón, así como cadenas de amargura. Que el Señor tenga misericordia de ella.

Esa señora había cambiado la versión original, se atrevió a decirle a su hijo que yo la había golpeado, siendo que ella sí lo había hecho conmigo, armó un gran teatro delante de todos sus hijos, como sólo ella sabía hacerlo y, como era de costumbre, esta vez también le creyeron. Yo me sentía perdida y con mucho dolor en mi corazón.

Por primera vez vi muy agresivo a mi esposo, siempre había sido una persona dulce y cariñosa conmigo, por lo menos en esos meses, por eso yo me había enamorado de él, le había entregado todo, era mi primer hombre y lo quería para toda la vida, porque cuando uno se casa enamorada, quiere que su matrimonio sea para toda la vida y, como había sufrido el dolor del abandono de mi padre, pensaba en que él nunca me dejaría ni yo a él, hasta que la muerte nos separara.

Sin embargo, después de todo el escándalo de aquel agitado día vino la calma y él más tranquilo se acercó a mi oído y me dijo; "¡perdóname!". No podía hablar más fuerte, temía que su madre lo escuchara, porque las paredes de aquel cuarto eran muy frágiles y delgadas y cualquier ruido o palabra se escuchaba en el otro cuarto, se acercó de nuevo y me dijo: "yo creo que tienes que irte a tu casa, mi mamá ya no te quiere aquí. Yo no puedo irme contigo porque no me alcanza para rentar una casa, además le prometí a mi mamá que nunca la abandonaría. ¡Y ya ves, tú no te portaste bien con ella!

En mi desesperación ni me defendí, la única pregunta que le hice a él fue, "¿adónde me voy a ir?" y él me contestó, "¡a tu casa!". Entonces le dije "¡que mi madre no me quería ver ni en pintura nunca!", porque me había casado en contra de su voluntad. Y le recordé; "tú lo sabes muy bien, ya ves que a ti también ella te lo advirtió". Entonces pensé en silencio, "¿ahora qué voy a hacer?".

Yo me sentía desesperada y aterrada, pues sólo tenía 17 años de edad y muchas preguntas; ¿Qué va a pasar?... ¿Qué voy a hacer?...

Hasta ese momento yo no sabía lo que pasaba dentro de mí, ese día le pedí tanto a Dios, oré toda la noche y le pedí a mi Amado Padre Celestial que hiciera algo para que mi esposo no me mandara de regreso a mi casa, dormí con la esperanza que al otro día cambiaría de opinión, que su mamá y él me pedirían perdón. Pero no estaba segura porque en esa casa todo el tiempo me la pasé limpiando y recibiendo órdenes de aquella cruel mujer que me trataba como sirvienta y no como la esposa de su hijo. Pareciera que yo esperaba un milagro de parte de Dios, lo conocía pero aún no tenía una relación personal con Él, no le había entregado mi corazón ni lo había recibido como mi Señor y único Salvador, pero yo clamaba y esperaba que Él me contestara.

Sin embargo, llegó la mañana siguiente y desperté temerosa, su madre había dado la orden de desalojarme y su hijo sin reclamar y muy tranquilo había aceptado. ¡No lo podía creer, cómo podía hacerme esto!, yo no entendía la actitud de mi esposo, cómo, si decía que me amaba, él no luchaba por defenderme. No me parecía justo, esa fue una de las mañanas más amargas de mi vida, además, por mi embarazo, estaba muy sensible y me dolía todo lo que estaba pasando. Él fríamente se despidió de mí, y me dijo, "¡adiós!, empieza a empacar tus cosas". Así lo hice y él en ningún momento trató de detenerme, casi no hablaba y, para colmo de males, me dejó unos cuantos pesos sobre la mesa, diciéndome que eso, "era para mi camión (autobús)".

"¡Así que vete, adiós, te busco después!", me dijo de manera inmisericorde. ¡Qué dolor, me sentía tan humillada y despreciada! Sentía que no valía nada como persona y pensaba que si mi papá me abandonó, mi mamá dejó de amarme así mismo mis hermanos, cómo un hombre a quien yo le entregué mi pureza, mi amor y mi dedicación, también me estaba rechazando. Me fui corriendo muy triste a enfrentarme a mi destino, pero dentro de mí conservaba la esperanza, sabía que un día saldría de la oscuridad a la luz y que iba a ser rescatada de esas cadenas de dolor, de abandono y de soledad. Ahora intentaría buscar a mi mamá para ver si ella me recibía en su casa pues yo no tenía adónde más ir.

Era la primera vez que él desembolsaba algo de dinero para mí, en realidad ni cuando estábamos de novios nunca recibí ningún regalo costoso, fuera de una flor o un papel escrito. Al contrario, cuando nos conocimos él manejaba mi automóvil, sí, el que yo con mi trabajo y esfuerzo había comprado. Prácticamente él se lo llevó a su casa; no obstante, después que nos casamos su familia me lo quitó, no les importó que yo lo hubiera pagado y él, tan tonto como siempre, no dijo nada y se quedaron con mi automóvil. Pero yo tampoco dije nada y se los dejé.

Parecía que se había acostumbrado a recibir sin dar nada a cambio, bueno, toda la familia de él era así porque cabe mencionar que mientras yo fui novia de mi esposo les ayudaba económicamente y les daba muy buenos regalos. Inclusive, yo pagué el 80% de los costos para realizar nuestra boda y aun así se quedaron con dinero fruto de mi trabajo, porque no gastaron lo que se había asignado para el banquete (comida y festejo), hasta en eso fueron aprovechados pues la fiesta la realizaron en su casa para no alquilar un salón y así quedarse con el dinero. Además, no llevaron la orquesta o grupo musical que yo había elegido y pagado, bueno eso creía yo, pues ellos recibieron mi dinero pero jamás contrataron nada y se quedaron con él. Así que para amenizar la fiesta pusieron la consola (tocadiscos) de su casa, toda vieja y que tocaba tan mal que la música no podía apreciarse. Inclusive la comida para los invitados fue limitada, ¡qué bárbaros! Fue un verdadero desastre. Pero bueno, yo me sentía feliz en mi boda, aunque no fue como la había soñado. Me conformé con eso, no obstante, su papá se emborrachó durante la fiesta de nuestra boda y "armó un San Quintín" (escándalo, ridículo). ¡Fue un desastre total! Y hasta nos insultó ese señor, a mí y a algunos de mi familia. ¡Qué gente sin educación ni cultura!

Continuando con la historia, para empacar mis cosas e irme de esa casa, salí para comprar unas cajas de cartón para echar mis pocas pertenencias, mi ropa y unos tres regalos que recibimos en nuestra boda. Y justo cuando salí, vi a mi esposo en la esquina, platicando muy sonriente con su vecina, con quien en el pasado había tenido amoríos y, según su mamá, ella era la candidata perfecta para su hijo, la muchacha ideal y la que según ella, debería haberse casado su hijo. Imagine usted, ella era una muchacha de "cascos ligeros" (fácil, muy loca) pero en fin, a la señora le gustaba eso. Me sentí morir, cuando pasé a su lado me molesté, sentí muchos celos; no obstante él ni me miró, se hizo el loco y siguió conversando, me ignoró por completo. Ahí me di cuenta que posiblemente él no tenía ningún sentimiento por mí y que no le importaba que yo me fuera de su casa. O tal vez eso era lo que él buscaba para evadir sus responsabilidades. Había mucha inmadurez de su parte, siempre fue así y nunca cambió porque más adelante les narro que abandonó a sus propios hijos, nunca fue responsable.

En verdad me sentía tan mal, que ya no compré las cajas de cartón y regresé a mi cuarto a llorar. Desconsolada le reclamé a Dios por qué me sucedían esas cosas si yo no era una mala persona, si siempre había pasado mi tiempo ayudando a la gente, sirviéndoles a los demás y recibiendo malos tratos. Entonces pregunté: ¿Hasta cuándo?

En ese momento el enemigo trajo una oscura idea a mi mente, se nubló mi vista y cegó mi entendimiento, ¿cómo mi esposo, el hombre con quien me había casado, el ser al que más amaba, me echaba de su casa sin ningún remordimiento? Entonces recordé mi vida pasada, el abandono de mi padre, el maltrato de mi madre y hermanos, el abuso de mi suegra y ahora el desprecio de mi esposo y pensé que para mí la vida no valía nada, quería morirme, no quería vivir más y fue entonces cuando pensé en quitarme la vida; entré al cuarto del baño de mi suegra y tomé del botiquín varios frascos con pastillas, las que ingerí enseguida, todas, no sabía lo que eran ni qué contenían, pero me daba igual, lo único que quería era morir. Sí, quería morirme, me sentía muy desesperada sin el apoyo de nadie, así que quise terminar con mi vida. Con esa vida de oscuridad y de dolor que yo ya no quería y únicamente tenía 17 años de edad. ¡Qué tristeza!

Del mismo modo así hay muchas jóvenes que pasan por eso, sin embargo, cuando tienes esos sentimientos y te sientes sin esperanza, caes en la trampa del enemigo de tu alma, y yo lo hice sin medir las consecuencias, yo quería morirme y dejar de existir en la oscuridad que vivía. Sin meditar que al final vería la luz.

No sé cuánto tiempo pasó después, pero cuando desperté estaba en un hospital, tenía tubos y sondas por todo mi cuerpo y, en medio de gritos e insultos, alcancé a reconocer la voz de mi mamá gritándole a mi esposo y culpándolo por lo que yo había hecho.

Además, le decía que era un poco hombre porque me tenía viviendo con su mamá. Lo amenazó con alejarlo de mí y de su hijo si no me sacaba de esa casa y me llevaba a vivir aunque fuera a un cuarto, pero solos los dos. Él se quedó asombrado y le preguntó a mi progenitora: "¿Hijo?... ¿Cuál hijo?". Pero para mí también fue como si me cayera de golpe un balde con agua fría y me pregunté: "¿De qué hijo hablan? Tal vez él tiene un hijo y me lo había ocultado".

Me alteré al escuchar esos gritos, ambos estaban fuera del cuarto del hospital y como me habían dejado aún inconsciente en mi cama, no se dieron cuenta que lo estaba oyendo todo. Me sentía mareada y todavía con los efectos de la anestesia, estaba adolorida después de todos los lavados de estómago que me habían hecho. Una enfermera se encontraba a mi lado muy entretenida leyendo una revista y fue a ella a quien pregunté, "¿Qué pasó, dónde estoy?, ¿de qué hijo hablan?"... La enfermera sorprendida respondió: "¿Qué no ve?, está en un hospital. Y de cuál hijo hablan ellos, ¡pues del suyo!, ¿acaso no lo sabe?, ¡tiene ocho semanas de embarazo!"...

Entonces grité y lloré de alegría. Le pedí perdón a Dios por atentar contra mi vida y la del ser que, sin yo saberlo, crecía y latía en mi vientre. Me dio mucha alegría porque dentro de mí había un ser que iba a ser mi hijo, que era algo muy mío. Yo estaba muy feliz y agradecida con Dios con quien entonces me comprometí, que si me salvaba y sanaba de ese error cometido y me permitía tener a mi bebé sano y salvo, nunca más volvería atentar contra mi vida, al contrario, trataría de estudiar para doctora y ayudar a la gente a mejorar más sus vidas y a conservarse sanas. Y así fue, meses más adelante Él me concedió el milagro que mi bebé naciera sano y fuerte para honra y gloria de Él. Igual, en mi vida nació una nueva esperanza y vi la luz después de tanta oscuridad.

Tras vivir ese cruel episodio, analicé qué absurdo fue pensar y actuar de esa manera, pero cuando una vive en la oscuridad todo le hace parecer que no existe una salida, una se siente atrapada y opta por escoger el camino falso, qué pecado pensar en quitarse la vida, cuando uno no es el dueño de ella y no le pertenece. ¡Únicamente a Dios Todopoderoso!, y Él sabe cuándo la da y cuándo la quita. Y le pedí perdón una vez más al Altísimo.

Pero yo me sentía tan desesperada, tan abatida que fue en lo único que pensé, dejar de existir sin medir las consecuencias y todavía más, sin saber que llevaba una vida más dentro de mí. ¡Wow!, me salvé de irme al infierno y el Señor en su infinita misericordia me perdonó todos mis pecados porque Él me iba a usar grandemente, Él tenía un propósito para mi vida; predicar el Evangelio de Jesucristo sin siquiera yo saberlo y sin ser su discípulo en ese tiempo. Qué bendición que Él me haya llamado a servirle y que me eligió aun antes de ponerme en el vientre de mi madre, desde antes de la fundación del mundo Él ya sabía el nombre que me iba a poner y el número de cabellos que hay en mi cabeza.

Después de pasada aquella pesadilla, mi esposo y yo nos fuimos a vivir a un apartamento que nos rentó una tía mía, ahora sí ya estábamos solos los dos y todo se normalizó, él se alejó de su familia y yo de la mía, aunque siempre los ayudábamos económicamente.

En Mi Familia No Había Tregua

Ahora las cosas parecían ir mejorando, sólo que mi familia no tenía remedio, de alguna manera se metía en problemas legales o de otra índole. Siempre pidiendo ayuda económica y complicando nuestras vidas. Y siempre, hasta ayudados, ellos no agradecían, siempre hablaban mal de nosotros. Y peor aún, nunca nos pagaban lo que les prestábamos, pero Dios me lo ha devuelto al ciento por uno.

Era muy joven, al mismo tiempo y estando en espera de mi primer hijo, vino la respuesta a aquella pregunta que me había hecho tiempo atrás ¿qué haría si la vida me pusiera frente a frente con mi padre? Y ese día llegó cuando me vi forzada a buscarlo por las circunstancias. Lo que pasó fue que uno de mis hermanos mayores tuvo un accidente automovilístico y como resultado tiró un poste del alumbrado público, razón por la cual en los cargos que le hicieron en el Ministerio Público estaba el de 'daños a la nación' y, para que él saliera de ese problema, tenía que pagarse una fuerte cantidad de dinero por multas y por una fianza. Y una vez más cedí.

Yo ya estaba trabajando, mi esposo y yo nos hacíamos cargo de los gastos de la casa, pero no contábamos con dinero extra para ayudar a mi hermano. Fue entonces que mi hermano me pidió que buscara a nuestro padre pues de otra manera tendría que purgar una condena en la cárcel, por no poder pagar la fianza.

Entonces hice lo que en años no había hecho y fui a la casa de mi abuela paterna y le pedí, bueno, le rogué que me dijera en dónde podía hallar a mi papá. Para que no esquivara mi petición le platiqué que tiempo atrás una de mis tías nos había confiado que él no había muerto como nos hizo creer mi mamá, sino que estaba vivo y que tenía otra familia. Y además yo antes leí la carta que él le dejó a mi madre con su adiós y despedida. Bueno, mi abuela paterna me dijo que regresara al día siguiente y que ella haría que él estuviera allí.

Ella cumplió su palabra porque cuando regresé al día siguiente y me permitió entrar en su casa, había un hombre realizando unos arreglos en la instalación eléctrica de la casa, estaba subido en una silla y se notaba con qué agilidad y experiencia manejaba pinzas, destornilladores y cables, y yo, sin saber que era él, lo observaba.

Algo de mi infancia vino a mi mente y mi corazón empezó a latir más de prisa. Recordé que mi papá era ingeniero electromecánico. Volteé a ver y a mi abuelita y ella asintió con su cabeza. Luego me dijo; "sí, él es tu padre, los dejo solos para que conversen".

¡Lo busqué y lo encontré!, él estaba allí con una señora muy joven y pensé; "¡Oh Dios mío, con razón dejó a mi mamá!". No es que la mujer fuera más bonita de lo que mi madre fue en su juventud, pero tenía menos de la mitad de su edad, era tan joven que creí que era su hija, pero no, mi padre me la presentó como su esposa y, como llevaban un niño que era la misma imagen de mi otro hermano mayor cuando era pequeño, realmente igualito, no me cupo la menor duda que sí era hijo de mi padre, mi medio hermano.

Pues bien, mi padre aceptó, dijo que me daría para pagar la fianza que le fijaran a mi hermano y la multa, que en cuanto yo supiera la cantidad de dinero se lo hiciera saber. También me pidió que jamás lo buscara en su casa —que obviamente no era en donde estábamos en ese instante— los días sábado o domingo. Me sentenció: "Si tú vas en sábado o domingo voy a tener muchos problemas".

—¡Vaya, pues no voy y ya! —pensé internamente— Pero no le hice ningún comentario al respecto. Yo pensé que vería algún arrepentimiento de su parte, que iba a ser efusivo dándome un abrazo o pidiendo perdón. Pero nada de eso ocurrió, al contrario, fue prepotente y muy frío. Qué desilusión y dolor, mi padre me trató como a una perfecta desconocida, un hombre sin sentimientos.

A continuación escribió en una hoja de cuaderno su dirección, me la entregó y luego nos despedimos sin que él o yo mostráramos algún tipo de emociones, él fue muy frío y yo también. Aunque yo anhelaba que me diera un abrazo, un beso, un perdón o una palabra de aliento que por mucho tiempo había esperado, pero nada de eso ocurrió. Me dolió mucho mi corazón y lastimó mis sentimientos.

Pero justo cuando le fijaron la fianza a mi hermano para que saliera de donde se hallaba detenido, que fue un viernes, al día siguiente y sin recordar que era sábado, llegué y toqué a la puerta de la casa de mi abuela; la abrió una señora diferente a la que había conocido como "la esposa de mi padre" unas semanas antes. Era una mujer mal vestida, fea, su cabeza cubierta con "tubos" (para rizarse el cabello) y yo, pensando que era la sirvienta le pregunté si estaba mi papá. De verdad increíble, no es que yo juzgue a las personas por su apariencia, pero ella tenía un aspecto muy desagradable. Ella me permitió entrar a la casa, me ofreció una silla al tiempo que preguntaba con rostro de cólera y sorpresa... ¿Su papá?... ¿Quién es su papá?

—El hombre que vive aquí, a quien yo visité en días pasados en la casa de mi abuela. Le respondí.

—¿Usted es su hija? Preguntó.

—Sí, lo soy. Respondí.

—¡Ah, yo tengo conocimiento referente a ustedes y soy la esposa del hombre que usted busca! Sí, ¡su padre es mi esposo! Contestó ella tajante.

—¿Qué, cómo?... Me pregunté y quedé sorprendida, enmudecí.

Como desconocía lo que había alrededor de la vida de mi papá y después de tantos años de no verlo, inocentemente pregunté: "¿Y la señora joven que me presentó como su esposa no está?".

El rostro de la mujer se puso más feo aún y molesta agregó: "Veo que la conoce... ¡Esa es su amante! Pero la esposa soy yo, cuando conocí a su padre era yo una provinciana tonta recién llegada de mi pueblo, él me engañó aunque nunca me ocultó la existencia de ustedes. Sé que sus hijos son siete, eso no lo ocultó. Yo me enamoré de él y mire lo que son las cosas, ahora me engaña con esa". Se quejó con amargura, lloró y me contó todo.

Después sacó fotografías de los tres hijos que tuvo con mi papá, mis medios hermanos, dos varones y una niña, y me las fue mostrando una a una. En ese momento ya nos tratábamos casi como si fuéramos amigas y continuamos conversado, me dijo que ella no sabía que mi padre y yo nos habíamos vuelto a encontrar. En reciprocidad le conté lo que le había pasado a mi hermano y que por causa de eso yo me había visto obligada a buscar a mi papá. No sin antes decirle, "señora, todo lo que se siembra se cosecha, usted se lo quitó a mi mamá y ahora alguien más se lo quita a usted, pero también abandona a sus hijos así como él antes nos dejó a nosotros", recalqué. E internamente pensé: "todo lo que se siembra eso mismo se cosecha", está escrito, incluso hasta me dio alegría.

Como me tenía que ir, le pedí que le dijera a mi padre la cantidad exacta que necesitábamos para pagar la fianza para que mi hermano saliera libre. Ella dijo que no me preocupara, que le diría a mi progenitor que me lo diera para ayudar a mi hermano.

Tres o cuatro días después, ahora entre semana, regresé a la casa de mi padre para ver si ya me daba el dinero. Volví a tocar la puerta y quien la abrió en esa ocasión fue la mujer joven, la amante de mi papá... ¡Wow!, porque al parecer la otra, la mujer mayor, no vivía allí sino en otra parte, en Monterrey y llegaba de visita algunos fines de semana, por eso mi padre me dijo que no fuera en sábado o domingo, esa era la razón que estuviera una u otra mujer en esa casa, la que por cierto también le pertenecía a mi abuela paterna.

Pero lo sorpresivo fue que la amante de mi padre no me dio tiempo de nada; me insultó de manera grotesca, me abofeteó, me lastimó con sus uñas el rostro y me jaló de los cabellos. Como yo era jovencita y estaba embarazada, no atiné a hacer nada ni a meter las manos en mi defensa, únicamente me cubrí mi vientre. Ella, llena de cólera amenazó: "¡De mi cuenta corre que tu padre no les dé dinero. Tú le dijiste algo a su esposa y por eso tenemos problemas, todo es por tu culpa! Vete y no vuelvas más". Un abuso más a mi persona.

¡Qué injusticia! Sin yo merecerlo, una vez más él lastimó mis sentimientos, mi propio padre, ¡qué desilusión!

Asustada salí de allí, iba llorando y pensando que mi padre no nos daría el dinero y mi hermano se quedaría preso. Salí desconsolada y lloré como por tres días más, estaba embarazada de mi primer bebé y tenía mucho dolor en mi corazón porque vi que la vida de mi padre era una mentira, una verdadera farsa y continuaba con su adulterio y fornicación, ¡qué pena!, pero cuando conocí a Cristo oré todos los días por él. No lo juzgo porque lo he perdonado, pero sí recuerdo todo el mal que hizo a mi madre, a mis hermanos y a mí.

Pero no conforme con eso, una semana después el día en que era el cumpleaños de mi esposo, comenzaron a llegar algunos invitados a nuestra casa; entre ellos su familia, la mía y algunos amigos, estábamos haciendo la reunión cuando tocaron la puerta y una tía mía dijo: "Ven, creo que te buscan"… "¿A mí?... No, deben ser invitados de mi marido. No los conozco". Pero él dijo que tampoco los conocía y en ese instante ellos ya entraban a la casa señalándome y gritando: "¡Buscamos a esta mujer!"…

—¿Por qué la buscan?, ella es mi esposa. Intervino mi marido.

Uno de aquellos tipos dijo: "¡Venimos a detenerla porque golpeó a la esposa de un señor, le robó unas cosas, se llevó unos centenarios de oro y la amenazó!"…

¡Oh, cuánta falsedad y maldad!... ¡Qué mentira! Lo peor era que mi padre sabía de esta denuncia y él estaba en complicidad con su amante. ¡Wow! ¿Qué les parece? Parece de película, ¿verdad? Pero fue a mí a quien sucedió en la vida real. Sentí mucho coraje y dolor, una mezcla de sentimientos.

Yo no le había dicho a mi esposo ni a mi familia que había sido golpeada por esa mujer joven y mucho menos que había buscado a mi padre y a mi familia paterna, ellos no vieron los rasguños en mi rostro, no sé ni qué inventé para ocultarlos, pero hasta me maquillé para cubrirlos.

No obstante me preguntaron: "¿A ver, díganos qué fue lo que pasó?". Entonces me delaté para llegar a la verdad, les conté que fui a buscar a mi padre a petición de mi hermano para que lo sacara de la cárcel y que en efecto, había hablado tanto con la esposa de mi padre, así como con su amante. Había intentado que mi familia no se enterara de todo lo sucedido porque como mi padre nos abandonó era como un "apestado" y nadie quería que nos volviéramos a relacionar con él, por su mentira y traición, para mi madre y nosotros. Toda la familia nos prohibió verlo o buscarlo.

—A ver, a ver, vengan para acá e identifíquense. ¿Traen ustedes una orden de aprehensión en su contra? Dijo mi esposo, quien de leyes sabía bastante.

Otro de los individuos intervino y dijo: "Somos agentes judiciales, el señor nos contrató y no, no traemos una orden". Con mayor aplomo mi marido los increpó: "¡Salgan entonces, afuera podemos hablar de lo que quieran. Ustedes no traen una orden de aprehensión consigo y están cometiendo 'allanamiento de morada'. ¡Vamos, allá afuera me explicarán todo!".

Los supuestos agentes salieron con él, yo me quedé dentro de la casa pero cerca de la puerta para escucharlos. Él les dijo: "Miren, el señor de quien se trata, el demandante, es el padre de mi esposa".

Ambos tipos se miraron entre sí sorprendidos y uno preguntó: "¿Su esposa es hija de ese señor? Pero si la esposa de él y él mismo nos dijeron que se trataba de una desconocida, que ellos no conocen a esta persona, pero que querían que se hiciera justicia". ¡Imagínense! ¿Pueden ustedes creer eso? Mi padre negaba que yo era su hija; después de su abandono, de todo el desamparo y desequilibrio que nos provocó a mí, a mis hermanos, así como a mi madre.

Entonces mi marido les aclaró: "¡Pues no, mi esposa es hija de este señor, no una desconocida. Quien los envió a ustedes es la amante de mi suegro, no su esposa. Ya ven, les mintieron!".

Los agentes movieron sus cabezas arrepentidos y aceptaron: "Bueno, siendo así nos retiramos, si es su hija no hay delito que perseguir", dieron media vuelta y se fueron.

¡Así de venenosa e intrigante era la amante de mi padre! Casi estoy segura que fue ella quien tramó todo para perjudicarme y lo peor que fue con la complicidad de mi papá. ¡Increíble que existiera tanta maldad y ceguera de parte de él y muy falto de sentimientos! Sin embargo, desde ahí lo bendije, me olvidé de él y lo dejé en manos de Dios Todopoderoso. Porque Él paga a cada quien según sus obras y nadie, absolutamente nadie, se queda sin recibir la cosecha de lo que ha sembrado. Aunque Él perdona todos los pecados igual aplica la disciplina y cada acción trae una consecuencia. Y cada persona obtiene y paga su factura tarde o temprano.

Pero al final de cuentas mi papá nunca nos dio ningún dinero, nosotros lo conseguimos por medio de préstamos con réditos (intereses) y sacamos a mi hermano de la cárcel. Comprendí que había sido un error buscar a mi padre, ahora tenía claro que mi deseo personal jamás fue tener trato con él. Pensé que, ahora sí, ahí terminaba todo y que nunca volvería a buscarlo porque el tenerlo de frente otra vez sólo nos había causado más dolor. No tenía caso, le otorgué mi perdón y se fue de mi vida. Perdoné, solté y olvidé.

Entonces conseguí tener días de descanso y me dediqué en cuerpo y alma a recibir al hijo que Dios había permitido llegar a nuestras vidas como un hermoso regalo y muy sano. Meses más tarde acuné a mi bebé en mis brazos y me sentí completa y agradecida con Dios por el privilegio de permitirme ser madre muy joven.

Seguí superándome y en base a más sacrificios de tiempo, dinero y esfuerzo, me gradué en la Universidad con una licenciatura. Ahora tenía un gran aliciente, mi hijo, fruto del amor que mi marido y yo nos profesábamos. El apoyo que mi esposo me dio fue invaluable, él era administrador de empresas y me alentaba a continuar estudiando pues deseaba no sólo que me realizara como mujer y profesional, sino también para que despejara mi mente de todos los sinsabores que había vivido al lado de mi madre, de mis hermanos y de mi suegra. Asimismo, él parecía arrepentido.

Cuando uno pone la mirada en Dios y le deja todo en sus manos, Él tiene propósitos y nos da la dirección en nuestras vidas. Y nos da la victoria, porque Él pelea por nosotros la buena batalla cuando nos ha elegido desde antes de ponernos en el vientre de nuestra madre. Él sabe que vamos a servirle. Él nos guarda siempre en el hueco de su mano y va siempre delante de nosotros. Yo no sabía que tenía llamado pero Él sí, porque es Todopoderoso, es Omnipresente, Omnisciente y Omnipotente, y conoce lo más íntimo de nuestros pensamientos del presente, el futuro y el pasado, porque Él nos ha predestinado desde antes de la fundación. ¡Qué extraordinario!

Y Vinieron Más Pruebas

Todo iba muy bien, pero ahora otro hermano mío pasaba por problemas económicos y me pidió que lo dejara vivir con su mujer en mi casa durante un tiempo. Bueno, era de imaginarse, siempre me vieron cara de "banco" pero sin que hicieran pagos y menos que pagaran intereses, parece que sólo podían ver el signo de pesos en mi frente. Así pasaron los meses, ellos nunca pagaron renta ni comida y cuando se fueron todavía lo hicieron hablando mal de nosotros. Poco agradecidos, ¿verdad? Pero eso fue tiempo atrás, ahora todo es diferente gracias a Dios, únicamente que lo escribo porque es parte de mi gran testimonio.

Por otro lado, nuestras vidas continuaron como siempre, ambos ayudando a nuestras familias, él sobre todo a su madre, porque después volvimos a relacionarnos, sí, cuando ya vivíamos bien, teníamos un apartamento propio y un pequeño negocio.

Como no era rencorosa los perdoné y seguimos en ese círculo de ayuda permanente. Por eso abusaron de mi nobleza, porque en realidad no sabía decir no, siempre que veía sufrir a alguien, si estaba en mis manos la solución, no me importaba quedarme sin nada e intentaba ayudar. Hoy en día no me arrepiento de lo que hice y, a pesar de todo amo a mi familia, sigo siendo la misma persona, pero con sabiduría y discernimiento, analizando quién realmente sí necesita mi ayuda y aún más, la ayuda de Dios en su vida. Y les ministro con mi testimonio y con todo lo que algunos de ellos ignoraban lo que pasó en mi vida, yo les comparto.

Más adelante nació mi segundo hijo, fue entonces cuando descubrí lo que era llevar una alimentación sana y me interesé por el (Naturismo), Naturalismo y la Nutrición, asimismo medicina alternativa e incluso en mi país tomé cursos al lado de personas muy reconocidas en los círculos artístico y profesional, lo cual más adelante me llevó a tener dos doctorados en USA. ¡Qué bendición!

En ese tiempo mi vida transcurría sin muchas sorpresas y con mayor estabilidad, la mejor etapa fue cuando mi segundo hijo tenía 5 años, pues un amigo mío le ofreció a mi esposo un buen trabajo con un político muy famoso de esa época, muy buena oportunidad, fuera del lugar donde vivíamos, en otro Estado, y aceptamos cambiar de residencia.

Adoptamos las costumbres de la nueva y bella ciudad. Por primera vez me encontraba sin trabajar, pero ahora era diferente ya que mi cónyuge ganaba muy bien y no era necesario que yo lo hiciera; con esta holgada situación él podía ayudar a su familia y yo a la mía.

Así pasaron cuatro años, fecha en que llegó el cambio de Gobierno, se le terminó el trabajo a él y tuvimos que regresar a nuestra ciudad de residencia y otra vez a empezar de nuevo.

Por el dinero que mi marido recibió como liquidación, que por cierto fueron millones de pesos, la ambición tentó otra vez mi familia y yo una vez más caí en la trampa. Digo caí, porque él no creía en mi hermano, quien ya había vivido en nuestra casa. La cosa fue que mi hermano, aconsejado por su mujer, me dijo y nos pidió dinero prestado. ¡Sí, están leyendo bien!, fueron los mismos que habían vivido con nosotros... Y "mi hermanito" me convenció que le prestara la mitad de la liquidación que mi marido había recibido.

Él le mintió diciéndole que el dinero era para realizar un negocio muy productivo y rápido, que en unos meses se iban a ver los resultados y le devolvería el préstamo. Mi esposo siempre dudó y me dijo: "Ojalá que no nos roben esa cantidad, porque es casi con lo único que contamos y ahora ninguno de los dos tenemos trabajo". Aun así yo me molesté con él y le reproché: "¿Cómo crees?, ¡él nos devolverá ese dinero!". Yo siempre confiaba en la gente, ¡pero resultó como él lo dijo! De la noche a la mañana mi hermano desapareció y nunca nos pagó nada. Y hasta se enojó conmigo y me dejó de hablar por muchos años, no me habló hasta mucho tiempo después. Yo por mucho tiempo ni siquiera sabía dónde estaba, pero años más tarde me pidió perdón aunque nunca me pagó, pero yo lo dejé así porque perdoné la deuda, yo siempre le dejo las cosas a Dios y Él todo me lo ha multiplicado. Todo lo que me han quitado Él me lo ha devuelto con creces y en mi mesa nunca ha faltado el pan de cada día. Gracias a Dios, Él provee.

Justos reclamos

A raíz de la terrible pesadilla mi esposo y yo tuvimos muchas discusiones. Él siempre me echaba en cara las cosas negativas de mi familia; decía que mi mamá era una aprovechada y mantenida. En aquel tiempo me hacía sentir muy mal con esos calificativos que mencionaba, pero a veces pensaba que se quedó corto, que le faltaron más adjetivos para describir realmente cómo era toda mi familia y la suya también. Sin embargo, yo siempre honré a mi madre, yo nunca la juzgué, siempre la amé y respeté hasta el último momento de su vida como está escrito en la Palabra; Honrar a tus padres, porque es el único Mandamiento con promesa y siempre lo hice, honré a mis padres.

Una Pesadilla Aún Más Terrible

Por otro lado, a veces suceden cosas como ésas y fue por eso que decidí alejarme de mi familia y de mi familia política. Eso fue tiempo atrás, ante tantas injusticias, una vez más por la familia pasó algo terrible, una verdadera tragedia. Sí, para colmo, como si no fuera suficiente con lo que había sufrido en mi vida, ¡secuestraron a mis hijos! Resulta que mi otro hermano mayor vivía en unión libre con una muchacha y tenían una hijita, pero él que era "de ojo alegre", al igual que la mamá de su hija, lo mismo que altruista, se encontró con otra chica jovencita como de 17 o 18 años que andaba "vagando en la calle", se la llevó y la instaló en un apartamento, como quien dice "le puso casa chica"; pero al paso del tiempo él se cansó de ella y la echó a la calle otra vez porque era "medio loca" (mujer fácil). A mí me dolió mucho porque había llegado a apreciarla, era porque mi hermano la llevaba a mi casa y me parecía que era buena persona. Era además una adolescente desorientada y desechada por su familia, prácticamente vivía en la calle y estaba sola.

Entonces ella fue a mi casa y me platicó que mi hermano la había corrido del departamento porque él quería regresar con su mujer y su hija, yo veía que la muchacha se había reformado y entonces decidí que se quedaría a vivir conmigo. En la casa estábamos mi esposo, mis hijos y yo, la chica tenía como cinco años menos que yo pero eso no me importó, que siendo tan joven y bonita, mi esposo se pudiera fijar en ella y la acepté, incluso mis hijos la llamaban tía Marta. No pasaron ni dos meses, ya hasta le había presentado un amigo, un doctor, para que ella cambiara de vida, pero en realidad le gustaba la calle y "el relajo". Y sucedió que, aunque seguía viviendo en mi casa, ella se enamoró de un tipejo del barrio igual de vagabundo que ella y tramaron algo insólito.

Pues verán, entre ambos planearon secuestrar a mis hijos y lo hicieron un día en que salí a trabajar. Cuando por la tarde regresé me encontré con la casa casi vacía, en total desorden y mis hijos no estaban. Me imaginé que pudo pasar lo peor y también sospeché que ella estaba involucrada, así que le llamé a mi hermano y él me dijo que su exnovia ahora andaba como pareja del tipo que antes les describí. Más tarde ella se comunicó conmigo llamándome por el teléfono que había en una farmacia en la planta baja del condominio donde vivíamos, desde donde un empleado fue a avisarnos que "teníamos una llamada", por la cual obviamente pagamos y eso fue porque el teléfono de mi casa no funcionaba porque le habían cortado los cables. Entonces me dijo, que los habían secuestrado a ella y a mis hijos y yo le creí. También me aseguró que mis hijos estaban bien y cortó la comunicación telefónica. Luego, la clásica de los secuestradores o malhechores, a uno lo desesperan, lo angustian y lo presionan. Sentía que moría y no tenía fuerzas para seguir.

Así pasaron cinco angustiosos días, recurrí a la Delegación de la Policía capitalina, cuyos agentes la buscaron pero no la pudieron encontrar. En medio de nuestra desesperación, mi esposo y yo fuimos a Morelia, Michoacán, la tierra de mi madre, donde vivía una tía mía, quien conocía a Marta, para ver si esa mujer o los secuestradores se habían llevado a mis hijos allá, pero no, mi tía no sabía nada y sólo fuimos a preocuparla. Es que en esos casos uno se vuelve loco y no sabe qué hacer y alborota a toda la familia por la desesperación y la impotencia.

Desolados regresamos, pasaron otros diez días y ella volvió a llamar a la farmacia, entonces me dijo que los secuestradores la habían golpeado y violado, yo me asusté mucho, pero sentí alivio porque me dijo que los niños estaban bien pero que, para liberarlos a los tres, los delincuentes pedían cuatro millones de pesos. En ese tiempo eso era mucho dinero, aunque los billetes tenían muchos ceros por la devaluación. De manera que, como pudimos, pidiendo prestado en nuestros trabajos y entre amigos, poniendo a la venta nuestro apartamento, el que hipotecamos rápido, reunimos la cantidad. ¡Qué nos importaba endeudarnos y que nos quedáramos sin nada, nosotros queríamos recuperar a nuestros hijos! Porque eran lo más importante para nosotros, mis tesoros. Esos maravillosos hijos que Dios me había prestado para cuidarlos y amarlos.

Yo me sentía morir de dolor, cada día que pasaba era una angustia en mi corazón, una verdadera pesadilla porque no sabía nada de mis hijitos que aún eran pequeños. Es terrible vivir una experiencia de esas, cómo le pedí a Dios que no les fuera a pasar nada malo y que aparecieran sanos y salvos.

Total que pagamos el rescate y nos los regresaron a los tres, a mis dos hijos y a la "supuesta heroína". Mi esposo y yo decidimos irnos de la ciudad por un tiempo y viajamos a Puerto Vallarta con unos familiares, pues queríamos recuperarnos del mal rato. Como estábamos de visita, todos nos quedamos en un solo cuarto y resultó que Marta tuvo pesadillas y habló dormida, recuerdo que dijo: "No, no puedo hacer eso, yo no puedo morder la mano de ella", en fin, muchas incoherencias. Yo, que siempre he sido lista e intuitiva sospeché algo, sin embargo la consolé y le dije que todo lo que le pasaba era provocado a causa del secuestro sufrido.

Pero un día que estábamos viendo una película en la casa de nuestros familiares en Puerto Vallarta, mi hijo mayor le dijo: "Marta, ¿te acuerdas de la película que nos pusiste en tu casa?". "No, ¿cuál película?, yo jamás puse ninguna", respondió ella. Y mi hijo insistió: "Sí Marta, fue el día que mi mamá nos fue a buscar a tu casa, que escuchamos su voz y tú dijiste que nos acostáramos atrás del sillón y nos cubriéramos con una cobija".

Eso era cierto, aunque ella andaba en la calle sabíamos que tenía familia y dónde ésta vivía, cierto también que fuimos a esa casa, que su mamá abrió la puerta y que le preguntamos por Marta, pero la señora contestó que hacía mucho tiempo que no sabía de ella y que no la quería ni ver.

Al día siguiente me llevé a mi hijo a la calle y le pregunté si era cierto que unos señores se los habían llevado y si éstos habían golpeado a Marta; pero él en su inocencia, me relató que no hubo señores, que fue ella quien se los había llevado a su casa en un taxi y que cuando oían que tocaban a la puerta los llevaban a esconder detrás de un sillón (mueble), mientras que la mamá de ella los cubría con un colchón y unas cobijas, además les exigían que no hablaran ni hicieran ruido. Agregó que también escucharon mi voz el día que los fui a buscar en esa casa y aquella señora me dijo que nunca los había visto, ¡qué crueldad! Ella era madre, pero estuvo encubriendo a su hija para obtener dinero fácil. Y yo muriéndome de dolor por mis amados hijos, sin saber cómo estaban o si les habían hecho algo.

Entonces recurrí a unos agentes de la Policía Judicial para que fueran a la casa de ella e hicieran hablar a su mamá presionándola. La señora se asustó y reveló todo, que su hija y su entonces pareja planearon el saqueo de mi casa y el secuestro de mis hijos. De esa manera los capturaron a todos, les comprobaron su culpabilidad y los mandaron a prisión donde purgan muchos años en la cárcel o quizás "cadena perpetua" por los delitos de secuestro, robo agravado, privación de la libertad, asociación delictuosa, etcétera.

Qué terrible es un secuestro, pero gracias a Dios recuperé a mis amados hijos sanos y salvos. Y era porque Él tenía un propósito para sus vidas, que llevaran las buenas nuevas de salvación y predicaran el Evangelio de Jesucristo. ¡Aleluya!

Una Mala Decisión

Sin embargo, mi esposo y yo decidimos separarnos por un tiempo, obviamente esto fue ocasionado en gran parte por nuestras respectivas familias y porque nos faltó sabiduría. Él se vino a Estados Unidos y yo me quedé en México. Así pasó un año y él no enviaba dinero para los gastos de la casa y de sus hijos, parecía que él también nos había abandonado, por lo cual yo estaba trabajando horas extras para mantenerlos y sacarlos adelante pues aún eran pequeños.

Además, me sentía muy mal por su indiferencia y su silencio. Yo era joven, tenía 26 años y mis amigas me invitaban a salir, decían que era un crimen que siendo joven y bonita me la pasara encerrada y trabajando. Mi marido prácticamente me había abandonado, olvidándose de la familia. Por lo tanto, cansada de tanto trabajar, decidí hacerles caso a ellas y asistir a la fiesta de una amiga que se realizaría en un lugar exclusivo y ese fue el pretexto también.

Ya en la fiesta todas mis amigas salieron a la pista de baile y empezaron 'a mover el esqueleto', yo me quedé sola en la mesa sumergida en mis pensamientos. Y sucedió lo que mis amigas me habían profetizado sin imaginarme que en ese lugar, 'disfrazado del amor', llegaría la peor pesadilla de mi vida, otra más. Un tipo alto y bien parecido, al menos así lo vi en ese instante. Él se presentó en mi mesa y me invitó a bailar, le dije que no, pero como él insistió finalmente acepté, lo hice más que nada porque estaba aburrida y confundida con la separación e indiferencia de mi esposo. O tal vez porque me gustó.

Le exigí a aquel joven que bailáramos separados porque para mí era de muy mal gusto que me tocaran personas desconocidas, él sonrió y dijo que estaba bien. Cuando la música terminó y regresamos a la mesa, mis amigas que también volvían, lo vieron sentado conmigo pero no dijeron nada. El tipo aquel me invitó a cenar al día siguiente y no acepté, aunque se veía buena persona le dije que lo pensaría. Además yo siempre he sido amable y atenta, si veo que la gente se porta correctamente, mucho mejor. Fue entonces que le di mi número de teléfono, él me llamó pero yo me encontraba desanimada, no quería salir con nadie, tal vez porque pensaba mucho en mi esposo y aún no tenía ningún interés por ese hombre, mi pretendiente, pero él insistió mucho, me llamaba seguido.

Pero yo todavía estaba dolida por el abandono de mi marido y más aún porque no le importaban nuestros hijos que aún eran pequeños. Se me hacía ingrato que mi esposo no se preocupara por sus hijos ni por mí, me tenía confundida y decepcionada.

Pasaron algunos meses y cada vez me sentía más abandonada, mi esposo no daba ninguna señal de interés por nosotros. Sin embargo, algo me hizo tomar otra mala decisión, fue que una vecina que lo conocía me dijo que él ya estaba con otra persona en Estados Unidos y fue el tiro de gracia para mí y por venganza e inmadurez lo hice, fue entonces cuando me di la oportunidad de conocer a alguien más. Él era un famoso cantante de esa época, una persona muy importante en la industria de la televisión que yo admiraba cuando lo veía en la pantalla y me parecía muy guapo. Pero además yo estaba dolida y me sentía traicionada por mi esposo, y este famoso era un amigo muy apreciado para mí y además era respetuoso conmigo. Lo había conocido antes, cuando trabajé en los medios de comunicación.

Así que nuestro encuentro, después de mucho tiempo, fue en un evento, él era soltero aún y sin compromisos, cuando nos volvimos a ver hubo mucha química y nos identificamos el uno con el otro... Parecía que el amor renacía en mí. Salimos durante dos meses, ambos sentíamos algo fuerte pero una tontería de adolescentes, sin importancia, me lastimó y me hizo dar un paso atrás. Una noche él había quedado de pasar por mí para ir a un evento muy importante, mucha gente sabía que yo era su novia y yo me sentía muy bien andar con ese famoso cantante y muy galán (guapo), pero no sé qué le pasó que él no llegó, yo me molesté mucho y después ya no quise contestar sus llamadas. Así piensa una cuando está en el mundo, es joven y no hay conocimiento ni discernimiento, uno comete errores.

Pasaron los días y seguía molesta con mi entonces novio. Pero el otro hombre, a quien mencioné anteriormente como "mi peor pesadilla", me llamó nuevamente, insistió muchas veces y aunque yo me negué, finalmente acepté que fuéramos a comer. A primera vista lo consideré una buena persona, lo que conversaba me parecía muy interesante y nunca pensé que dentro de su alma hubiera tanta maldad. No obstante, algunas amigas que ya lo habían visto decían que tenía una mirada como 'muy fea'. ¡Hasta llegué a enojarme con ellas!, pero dicen que lo 'prohibido es lo más deseado'. Recuerdo que mis amigas me decían: "¿Cómo crees que él te va a querer?, y dice que está muy enamorado de ti, ¿tan rápido? Sólo te está usando por la influencia que tienes dentro de los medios de comunicación, él quiere que le ayudes". Durante mucho tiempo me pregunté ¿cómo habría sido mi vida al lado del famoso cantante si no lo hubiese "terminado"?... ¿Quién sabe, mejor o tal vez peor? De lo único que estoy segura es que luego me arrepentí por haberme fijado en la persona menos conveniente y quizá dejé pasar la verdadera felicidad. Pero, ni modo, cada quien forja su propio destino y toma decisiones equivocadas cuando uno no usa la sabiduría o no tiene el conocimiento o discernimiento hace cosas sin pensar.

"Mi peor pesadilla" aún estudiaba actuación, el necio estaba empecinado con llegar a ser actor, pero estaba frustrado porque no había tenido ninguna oportunidad. Eso sí, tenía mucha labia y lograba convencerme de algunas cosas, yo intenté alejarme de él pero me daba lástima o tal vez ya había caído en "las garras del amor", en realidad no sé, quizás era ilusión o tal vez me sentía sola y confundida lo que me orillaba a aceptarlo y a pasar por alto muchas cosas negativas de él, inclusive su antagonismo, vanidad y prepotencia, aun así lo acepté porque me gustaba mucho físicamente.

Fui cayendo en su cuento de amor y así pasaron los días, hasta que me di cuenta que además de sus ególatras defectos, era alcohólico. Le reclamé el por qué me había ocultado esas cuestiones tan delicadas, pero ya no pude hacer nada, estaba metida en otro problema aún mayor del cual no me podía echar para atrás, sino hallar la manera de solucionarlo y terminé aceptándolo. ¡Vaya decisión la mía!, pero lo hice.

Mi primer esposo ya se había enterado que yo tenía una nueva relación, lo que pasó fue que 'alguien se tomó la molestia de contarle toda esa historia', del mismo modo que me habían dicho a mí de él, entonces, cuando él me llamó desde Estados Unidos me insultó, luego, "a larga distancia", él me echó de la casa en donde nos había dejado, dijo que si yo ya andaba con otro, me fuera de esa casa junto con mis hijos. ¡Qué descaro de hombre!, tan irresponsable, adúltero y machista, todavía se enojó y ni la renta pagaba. La pagaba yo y todos los gastos de la casa, ¡qué cinismo de "hombre"! Sinvergüenza, ni siquiera pagaba la manutención de sus hijos y se "sentía muy macho" como para darme órdenes desde el extranjero.

Yo me sentía tan humillada, él prácticamente nos olvidó, nunca se preocupó ni le importó lo que pasara con nosotros, sobre todo con sus hijos, y ahora aparecía "como si nada hubiere ocurrido" sólo buscaba un pretexto para insultarme y corrernos de esa casa.

Yo seguía trabajando y superándome para salir adelante con mis pequeños hijos. No me faltaba nada porque trabajaba arduamente y hacía muy buenos reportajes, con ayuda y fortaleza que Dios me daba y que me sigue dando después de tantos años, Él es mi Roca y mi fortaleza. De ahí viene siempre mi socorro porque siempre me pongo la coraza de justicia como soldado de Cristo y Él me ha exaltado. Gloria a su nombre.

Lo que hice después fue empacar nuestras cosas y viajar a Estados Unidos, llegamos a la ciudad de San Francisco y me entrevisté con él sólo para pedirle el divorcio y firmar un acuerdo. Él no permitió que nuestro segundo hijo regresara conmigo, así que volví a México solamente con mi primer hijo y muy triste sin el otro, sin poder hacer nada, porque él me lo quitó y sin compasión me amenazó de quitarme a mi otro hijo. Cabe mencionar que un día antes de irme para México él también intentó quitarse la vida, su falta de sabiduría lo hizo cometer un grave error ya que estando en evidente estado de ebriedad, subió a nuestros hijos al auto y se los llevó conduciendo a alta velocidad, corriendo como un loco por todo el puente de San Francisco (Golden Gate). Casi se mataban por su culpa, pero gracias a Dios las autoridades se dieron cuenta cómo iba él manejando, entonces iniciaron una persecución y lo alcanzó una Patrulla de Caminos (High Patrol). Luego se lo llevaron detenido a un hotel porque él dijo "que eran turistas", gracias a eso o porque esos policías eran muy 'nice' (buenas personas) no lo llevaron a la cárcel. No, sólo le quitaron las llaves del carro y de su cartera tomaron dinero para pagar el alquiler de aquel cuarto, al encargado (del hotel) los policías le dieron órdenes estrictas de no dejarlo salir hasta el día siguiente, cuando se encontrara en su sano juicio; por lo tanto a él y a nuestros hijos los encerraron en el cuarto.

Mientras tanto yo, sin saber lo que ocurría, me pasé llorando toda la noche porque transcurrían las horas y ellos no regresaban, pensé que me había quitado a mis hijos ya que como describí antes, él estaba muy ebrio cuando se los llevó. Tiempo después me confesó que quería matarse junto con sus hijos. ¡Qué cobardía! ¿Verdad?, después que fue él quien ocasionó todo. O tal vez se sentía culpable o frustrado porque ya no podía manipularme como lo había hecho antes.

Al mismo tiempo, mientras mi ilusión y amor crecían por el actor frustrado, él supo envolverme con su mentira diciéndome que me amaba y yo le creí. Sinceramente reconozco que sí era un buen actor, no me explico cómo y por qué nadie descubrió su 'valor histriónico'. Pero él me envolvió con su romántica verborrea, yo le creía y sentía que él de veras me amaba como nadie antes lo había hecho.

Con firmeza me dijo que estaba dispuesto a casarse conmigo, yo sentía que lo quería pero no estaba segura de amarlo, dudaba y a la vez volvía a caer. El resultado fue que me convenció y decidí contraer nupcias con él. Como aún no se terminaba legalmente mi divorcio realizamos una boda ficticia, todo para aparentar ante su familia y ante los demás también, con el afán de no sentirme sola.

Él le dijo a su familia que yo era una mujer libre de compromisos, nunca casada y además era muy joven. Ellos le creyeron que mis hijos eran adoptados ¡y yo acepté que él dijera esa mentira!, y sólo porque su madre era muy prejuiciosa y no quería 'que sus amistades los fueran a juzgar mal'. Esa familia aparentaba lo que no era y hoy me pregunto, ¿de qué moral presumían?, ¡si sólo vivían de apariencias! En ese tiempo tenían dinero pero no moral ni principios. Bueno, yo no soy nadie para juzgar, únicamente les estoy narrando lo que viví y lo que percibí de la familia de mi segundo esposo.

Lo que me sorprendió y mucho, fue que sus padres nos dijeran que habían comprado una casa para que nosotros fuéramos a vivir en ella, de momento no les creí hasta que me entregaron las llaves y todos juntos fuimos a ver aquella residencia, entonces mis suegros me dijeron que la casa la habían puesto a nombre mío porque no le tenían confianza a su propio hijo. ¿Cómo la ven? Era una mansión muy hermosa en las afueras de la ciudad y me la cedieron ante notario público (en México son abogados) con todo y escrituras. Y todo como lo leen, ¡eh! Yo sinceramente estaba sorprendida.

Ya casados e instalados en esa casa, en cuanto se fueron sus padres dejándonos solos a él, a mi hijo, a mí y a la muchacha que me ayudaba en los quehaceres domésticos, mi flamante nuevo esposo decidió celebrar el acontecimiento, entonces tomó una botella de un coñac caro y bebió hasta embriagarse, esa fue mi primera decepción y pensar que era "nuestra noche de bodas". ¿Cómo era posible?, inmediatamente "sacó a relucir el cobre" (a mostrar su alcoholismo), su verdadero yo. Claro, sentía que ya me tenía segura, que yo era su trofeo y que le había costado mucho conquistarme. ¡Ah, porque yo era difícil!, porque muchas veces me pidió que me casara con él y yo no aceptaba.

Mi peor pesadilla empezó el mismo día en que me casé con él, desde entonces jamás lo vi en su sano juicio, tomaba de día y de noche, seguro por los malos y espantosos recuerdos que tenía de su ingrata niñez por culpa de sus padres o qué sé yo, tal vez por su frustración y la vida loca que llevaba.

Cuando él estaba ebrio obviamente que no podía trabajar, entonces, siendo ése su estado habitual, se la pasaba faltando a "los llamados" que le hacían los productores de teatro y televisión quienes yo le había presentado, como eran amigos míos le daban oportunidades. Increíble, ahora ya tenía asegurado su sueño de ser actor pero no cumplía, el vicio lo tenía dominado. Pero además él no tenía vergüenza, cuando se acercaba al negocio de su padre era sólo para "exigirle dinero", claro, para continuar bebiendo. Cabe aclarar que él era 'un júnior', hijo de padres con dinero, sí, sus padres tenían solvencia económica y como era el hijo más chico, le daban todo y sin exigirle nada, lo hacían más "malcriado" e irresponsable.

Esa era la realidad, sus padres intentaban mantener a su hijo bajo un estado de somnolencia con el alcohol que consumía, era una forma de compensarlo por el daño que le habían causado cuando era pequeño, según él. Pero aun así no confiaban en él, por eso aquella casa ellos la pusieron a mi nombre porque yo era una persona sobria y me tuvieron confianza. Eso sí, él era muy bien parecido, un galán. Una vez agarré uno feo, mi primer esposo, ¡ha, ha, ha!, eso fue porque estaba muy joven e inexperta, ¡pero dos veces no! Bueno, por lo menos, ¿verdad?

Fueron sus padres que nos compraron la casa, una preciosa mansión en las afueras de la ciudad, la que se convirtió para mí en una "jaula de oro", una verdadera prisión.

Mi hijo, mi fámula (muchacha que trabaja en casa) y yo vivíamos ahí, en la casa que sus padres habían comprado para que nosotros la habitáramos, pero yo llevé todo el mobiliario, esos muebles eran míos y muy finos. Toda la ropa que yo tenía era de cuando trabajaba. ¡Vaya, la situación no había cambiado! Sí, vivíamos bajo un techo bonito, con muebles que eran míos y yo usaba ropa que compré con mi dinero cuando aún estaba trabajando y que hacía poco tiempo había dejado de hacerlo, pero además tenía mis ahorros y joyas, también frutos de mi esfuerzo y la ayuda de Dios. Él no llevaba ninguna responsabilidad en el hogar. Sus papás compraron la casa y yo la amueblé. ¡Qué tal, todo puesto para el Adonis! Esposa joven, profesional, bonita y trabajadora.

Los seis meses que vivimos en esa casa fueron un verdadero infierno. La vida de él era comer, emborracharse, dormir y andar de fiesta en fiesta. ¡Ah!, porque a esas no faltaba sin importar cómo anduviera físicamente hablando. ¡Qué error cometí, qué horror viví!

Así que un día me cansé de esa situación, únicamente le aguanté seis meses e, ignorando yo que nuevamente estaba embarazada, decidí dejarlo. Ese día él no estaba en casa pues como de costumbre andaba en algún lugar divirtiéndose y bebiendo, o tal vez llegaría hasta el otro día. Imaginen, quería que yo anduviera de parranda con él todos los días. Yo eso no podía hacerlo, aunque fuera mi esposo yo no estaba acostumbrada a esa vida de "farras", de "parrandas". Era ama de casa, hogareña, trabajadora y al cuidado de mis hijos.

Ya había dado el paso definitivo, desde que me fui de esa casa pasé por diversos problemas, pero antes de irme con mi hijo a Canadá con mi amiga Reyna, conversé con un abogado amigo mío quien me preguntó sobre la casa y a nombre de quién estaba, yo le respondí que a nombre mío. Él me alertó, me dijo que no era conveniente irme así nada más porque podría considerarse como 'abandono de hogar' o mejor dicho, que mi esposo me podría acusar de abandono de hogar. Me asusté y le pedí su consejo profesional, él, como abogado, me dijo que le firmara una carta poder para que me representara. Yo accedí de buena fe, me parecía que lo correcto era cumplir con lo establecido por la ley, lo cual yo desconocía.

Sólo que cuando firmé fue como si estuviera aceptando mi sentencia de muerte, porque el abogado y supuesto amigo mío tenía otros planes... ¡Quedarse con la casa! Nunca pensé en eso, en mi mente predominaba mi decisión de alejarme del infame, mentiroso y de su disfuncional familia. Porque para ellos no existían otras palabras que no fueran dinero, apariencias, poder y mentiras.

¿Cómo pude cometer tal error? No darme cuenta en el fango que me metía casándome con él, un hombre totalmente diferente al de mi anterior matrimonio. Mi primer esposo realmente era una persona hogareña, aunque no muy responsable ni galán, pero no era parrandero y eso sí, muy mentiroso, flojo e irresponsable.

Una Verdadera Odisea

Y como lo mencioné anteriormente, mi segundo hijo se quedó con su padre, mi primer esposo, en San Francisco, fue entonces que viajé a Canadá con mi primer hijo y sin saber que estaba embarazada de mi tercer hijo. Pero yo hice ese viaje con la intención de superarme, alcanzar mis metas, olvidar el pasado y empezar una vida diferente. Muchas veces amados, queremos huir de los problemas pero el del problema es uno mismo y adonde vayamos lo llevamos. Ahora he aprendido a confrontar las pruebas y tratar de pasarlas siempre en Dirección Divina o resolverlas de acuerdo a la Palabra y la sabiduría y siempre pidiendo fortaleza del Todopoderoso, del Gran Yo Soy.

Les contaré cómo fue aquel viaje. Verán, arribamos a Vancouver en búsqueda de mi amiga Reyna y, aunque no teníamos la dirección de ella, sabíamos que vivía en la Isla Victoria. Creímos que llegando a Vancouver sería fácil hallarla pero no, para ir a la Isla Victoria tuvimos que atravesar casi la mitad de Canadá y Alaska, afortunadamente me pude comunicar con ella y nos recibió con mucho agrado.

Vivimos con Reyna en Isla Victoria, ella tenía su novio, un canadiense muy guapo cuyos padres radicaban en Tokio, Japón, a seis horas de vuelo desde Vancouver. ¿Y saben qué? ¡Pues que nos invitaron a que los acompañáramos al Lejano Oriente! No lo puedo olvidar, allí me sucedió algo que perdura en mí para siempre. La primera fue que ya estando en Tokio, durante una comida, en nuestra mesa había un tazón con 'Wasabi', un condimento de fortísimo sabor picante, que yo confundí con "guacamole" (aguacate triturado) por su color y consistencia, mezclé toda una cucharada con la comida ¡y casi me vomitaba sobre la mesa!, fue porque sentí que me quemaba la garganta.

¡Qué "guacamole" ni qué nada!, no era aguacate, aquello era realmente irritante para el organismo humano. Me prometí no volver a comerlo, porque sin saber que estaba embarazada lo comí... En fin, ésta es sólo una anécdota vivida en uno de mis viajes y por supuesto luego les narraré de los tantos otros que Dios me ha permitido hacer a lo largo de mi vida, a diferentes países y por los cinco continentes. Porque al final encontré la luz, después de tanta oscuridad literalmente salí de Egipto porque a Dios le plació sacarme de la esclavitud, no sin antes pasarme por el desierto. Y llegué a la Tierra Prometida. Qué agradecida y bendecida soy.

Ya de regreso de Canadá a mi país México, tuve uno de los peores episodios de mi existencia, el que puso en peligro mi vida, así que decidí irme lejos, pero al darme cuenta de mi embarazo regresé. Así que fui a buscarlo y hablé con él, viendo que yo estaba encinta y que esperaba un hijo suyo prometió 'que iba a cambiar', pero no fue así, vivimos juntos dos semanas y volvió a emborracharse, situación que me desilusionó enormemente y decidí separarme de él definitivamente y alejarme lo más que pudiese porque vi que nunca iba a cambiar.

Por esos días tuve que ir a Pachuca, capital del estado de Hidalgo, para entregar en una farmacia cierta mercancía de la fábrica de productos naturales propiedad de un primo mío, sin imaginar la amenaza que sobre mí se cernía. Entonces ya tenía un embarazo de seis o siete meses.

Lo que pasó fue que posiblemente mi esposo contrató a unos maleantes para que me asustaran, por lo menos eso dijeron aquellos delincuentes, se pusieron de acuerdo y les pagó para que me golpearan. Sí, su intención era ¡que yo perdiera a mi bebé!

Y vean, cuando yo estaba bajando la mercancía de mi carro para entregarla, los individuos 'contratados' se me pusieron enfrente en tono amenazante, pero al verme uno de ellos exclamó: "¡Oye, pero si está embarazada!". Al instante el otro respondió: "¡Sí claro, acuérdate que el señor que nos contrató dijo que le peguemos para que pierda al bebé!". No podía creer lo que escuchaba, me aterró la sola idea de pensar en perder a mi bebé. Una trampa más del enemigo porque sabía que Dios a mi tercer hijo lo iba a usar grandemente. Desde ahí ya había persecución para su vida, el enemigo le tiraba a matar y a mí también.

No puedo señalar o acusar pero sucedió, no sé si él u otra persona de su familia mandó (ordenó) hacer eso tan espantoso. Bueno, sólo Dios sabe y Él algún día lo va a sacar a la luz, porque Él todo lo ve y un día lo revela.

Al ver que se me venían encima grité y eso alertó a cuatro muchachos que trabajaban en la farmacia, ellos salieron raudos e hicieron correr a mis agresores. De no haber sido por ellos, quién sabe qué cosa les estaría contando ahora a ustedes. Gracias a Dios que con su mano poderosa siempre me guardó de todo mal y lo sigue haciendo. Hasta el día de hoy Él me guarda y me cuida.

Todo por la ambición de mi esposo, quien no quería que yo me quedara con la casa que sus padres habían comprado y escriturado a mi nombre. Él no aceptaba que me dieran el 50% del valor de la propiedad que por ley me correspondía, o por lo menos para nuestro bebé que estaba por nacer, no, él quería el 100%.

Después de aquello conversé con "mi abogado" y él me dijo que mi 50% estaba a salvo porque yo no había cometido 'abandono de hogar' ni 'bigamia' puesto que me había casado con un nombre ficticio, porque lo hice por la sencilla razón que aún no tenía mi divorcio. Pero además, el proceso de divorcio ya estaba muy avanzado y en el título de propiedad sólo aparecía mi nombre y fue adquirido antes del matrimonio, por lo tanto yo era únicamente la dueña.

Asimismo, el proceso de divorcio me favoreció a mí porque fue nulo el matrimonio con él y gané el caso. Pero en cuanto a la casa, mi ahora exesposo, su familia y "mi abogado", se fueron a juicio hasta que finalmente él, aprovechando sus conocimientos profesionales se quedó con la propiedad, ¡se las robó!, aunque de manera legal mediante aquel juicio.

En realidad aquello se convirtió en algo personal, ese abogado siempre quiso 'andar conmigo' y como de repente dejé de verlo y luego me casé con mi esposo, él estaba enojadísimo. Se formó un 'pique personal' entre los dos, ambos gastaron dinero y finalmente el leguleyo se quedó con la casa, como una forma de desquitarse de mi exesposo. Pero la verdad yo ya no quería saber nada de esa casa, aunque más tarde les pagué a mis exsuegros el 100% del valor de la propiedad mediante un 'cheque de caja' (cashier check) que les entregué enfrente de toda su familia. Años más tarde les liquidé todo, con intereses y lo aceptaron. Así, sin excusas, dijeron: gracias, no esperábamos menos de ti. ¡Wow!

Recuerdo que les dije: "Aquí está lo que ustedes pagaron. No quiero tener deudas con nadie. Aunque su hijo nunca le dio nada a nuestro hijo, yo sí les pago porque soy una persona honesta. Ustedes no tienen por qué perder y perdóneme si les hice pasar un mal rato".

De "mi abogado" no quise saber nada más, él se quedó con la casa, aunque me representó, peleó el juicio y lo ganó legalmente. Que mis exsuegros y mi exmarido dijeran que el abogado se había robado la propiedad, eso a mí ya no me importó, aunque él se 'haya cobrado a lo chino' se me hizo justo el cobro por su trabajo. Porque yo les pagué a ellos, la única que perdió fui yo pero a mi lado siempre ha estado el mejor abogado, porque Él nunca ha perdido un caso y es el juez justo, es Jesucristo. Él siempre va delante de mí porque Él es mi único Señor y Salvador, sin embargo, en ese tiempo aún yo no le había entregado mi vida, pero Él ya me había escogido para servirle. ¡Qué privilegio!

A mí nadie me había dado nada en la vida, salvo mis padres y mis abuelitos durante mi tierna infancia, pero el único hombre que me había comprado una casa, bueno, en realidad no fue él sino sus padres, luego tuve que pagarla y con creces. Aunque al final ellos perdieron la casa, se puede decir que recuperaron su dinero, porque yo les pagué y hasta con intereses. Conforme pasaban los años mis esfuerzos daban sus frutos, porque empecé a ser bendecida y prosperada en todas las áreas de mi vida gracias a Dios Todopoderoso.

Sin embargo, el irresponsable de mi exesposo nunca se preocupó por su hijo, jamás le importó si tuvo pañales o no, o leche para tomar; es más, ni siquiera se ocupó de buscarlo o conocerlo, él seguía en sus parrandas, en el vicio y su perdición... El alcohol.

Bueno, cuando lo volví a encontrar después de muchos años, (adelante les narro esta historia) él dijo que me buscó por cielo y tierra porque me amaba y deseaba conocer a nuestro hijo, según él. Cabe mencionar que pasaron muchas cosas durante ese tiempo. Tal vez lo que dijo sea cierto, así que le doy el beneficio de la duda pero, por sus frutos se conocen las personas.

Hay que probar a los espíritus siempre, si de verdad son de Dios.

Y Decidí Irme Lejos De Él

Pero fui cauta, no queriendo aventurarme a sufrir otro atentado, me vine a vivir a este bendecido país del cual hoy en día tengo mi ciudadanía americana, gracias a Dios, porque a Él le plació sacarme de la esclavitud y traerme a la tierra donde fluye leche y miel. ¡Gloria a Dios!

No fue nada fácil para mí llegar a Estados Unidos, ya que venía deprimida y humillada por mi segundo esposo y aún con secuelas de abandono del primero. Todo fue tan rápido que ni tiempo tuve de duelo o reflexión. Además con muy poco dinero, embarazada y con dos pequeños que mantener. ¡Qué odisea! Llegué a vivir con una familia de 11 miembros en la que el más pequeño tenía un año y el más grande 20; una madre histérica y un padre irresponsable y drogadicto. ¡Oh, Dios! Yo lloraba día y noche, en ese momento me sentía en un mundo de oscuridad y esperé a que naciera mi bebé, fueron dos largos meses, uno para dar a luz y otro para recuperarme e inmediatamente busqué un departamento pequeño y modesto de acuerdo a las posibilidades con que contaba en ese momento; tuve que 'empeñar' algunas joyas de mucho valor sentimental y créanme que en ese tiempo me sirvió hacerlo, la necesidad de salir adelante era muy grande y además me sirvieron de mucho para sobrevivir en este bendito país mientras podía trabajar y seguirme superando.

De verdad que cuesta mucho trabajo llegar a Estados Unidos sin conocer a nadie, no saber el idioma ni contar absolutamente con nadie. Bueno, cuando me vine para acá venía decidida, ¡pero qué odisea!, hubo días en que el dinero no me alcanzaba ni para comprar un galón de leche. Y ni cómo regresar si tenía miedo de hacerlo, de regresar a mi país, si allá corría peligro de muerte. Así es la vida para algunos aquí en Estados Unidos, aunque usted no lo crea, no todo es miel y dulzura como te lo hace creer mucha gente, quienes nos pintan que todo es tan fácil y hay mucha abundancia. Claro, que si te esfuerzas y decides realizar tus metas por supuesto que lo vas a hacer, siempre si es la voluntad de Dios prosperarte, así como yo lo logré y lo volvería a enfrentar si fuera necesario. Me volvería a levantar como lo he hecho siempre, con esas fuerzas, como el águila que vuelve a renovarse, luchando, siendo guerrera y pidiendo fortaleza siempre de lo Alto, porque de él viene la ayuda.

Así pasó el tiempo, trabajaba y estudiaba; vivía en la ciudad de Long Beach y tenía que ir a la escuela hasta Hollywood, que eran algo así como cinco horas en autobús entre ida y vuelta. Lo que me dio fuerza para seguir adelante soportando tanto sufrimiento, era el amor de mis tres hijos y las metas que tenía trazadas en mi mente. Esas, definitivamente debía y tenía que cumplirlas. Dicen que los "niños siempre traen una torta bajo el brazo" y al parecer mi tercer bebé la "trajo" también, fue una bendición el nacimiento de mi tercer hijo, así como de los dos primeros, siempre son una bendición en mi vida. Así como los que también nacieron de mi corazón, mis otros hijos, porque tuve tres de mi vientre y cinco nacieron de mi corazón.

Ya radicada en Long Beach, California, mi primer esposo quiso vivir con nosotros y ayudarme en la crianza de mi bebé recién nacido, fruto de mi segundo matrimonio. Llegaron él y mi segundo hijo e intentamos vivir como una familia nuevamente. Mi primer esposo quiso y educó como un verdadero padre a mi tercer hijo, nunca hizo diferencia entre los hijos suyos. Es algo que le agradeceré eternamente. Mentiroso y flojo, pero le dio amor y cuidado mientras yo me preparaba para poder revalidar mis estudios de mi país y hacer las horas que se requieren para obtener mi certificado y poder entrar a trabajar en los medios de comunicación de este país.

El padre de mis dos primeros hijos nada más vivió seis años con nosotros y ya nunca fue lo mismo. Un día él se fue, desapareció sin decir una sola palabra ni dejar rastro, bueno, a decir verdad, me dejó con la deuda de seis meses de renta, después supe que cuando él estuvo en San Francisco había conocido una persona, una mujer por supuesto, y decidió irse a vivir con ella. Además se unió a una secta o religión medio extraña que aleja y separa a las familias para su conveniencia, haciéndoles creer que si las abandonan se van a salvar. ¡Qué tontería es esa! Y esos ilusos reparten revistas, lo digo con todo respeto, descuidan a su familia que es su verdadero ministerio, la familia que Dios les dio, pero no lo hacen en Orden Divino por su falsa doctrina y así hay muchos.

Y si regresé con mi primer marido, aunque ya no lo amaba, fue porque me contó la razón por la cual no nos había enviado dinero. Siendo él profesional en México, cuando vino a Estados Unidos se encontró con muchos inconvenientes, entre ellos que se le dificultó encontrar trabajo por no hablar el idioma inglés. Era la primera vez que él salía de su país y fue solamente para sufrir por estar separado de la familia; de sus hijos y de la mujer que más amaba, según él.

También me dijo que un "amigo" casi lo forzó a venir a Estados Unidos, el que por desgracia conoció en México y quien con mentiras, para robarle el dinero que teníamos ahorrado de nuestro trabajo y su liquidación, lo trajo prometiéndole hacerlo socio en un negocio que existía en la ciudad de San Francisco. Fue una gran mentira, el tipo era gerente de un restaurante de hamburguesas, pero no el dueño como se lo había hecho creer a él, además ese tipo era drogadicto y fraudulento.

Fue bastante el dinero que mi esposo le dio, en ese tiempo como 20,000 dólares, los ahorros de mucho tiempo y arduo trabajo de los dos, bueno, el 70% mío, pero cuando llegaron a San Francisco resultó que ya se lo había gastado todo. ¡Con ese dinero pagó sus deudas! Aquél tipo resultó ser toda una fichita y se descaró, le pidió disculpas a mi exmarido y le dijo que con ese dinero tuvo que saldar sus deudas, porque si no las pagaba lo mataban. Esa historia fue la que él me dijo, le di el beneficio de la duda y lo acepté. De nuevo tropecé con la misma piedra, le creí todo el cuento o tal vez fue verdad, pero lo cierto es que nunca le gustó superarse ni trabajar arduamente, siempre prefirió que alguien más trabajara y que le ayudara a él.

Así fue que el pobre "engañado" tuvo que empezar desde cero, trabajando como "garrotero" (limpiando mesas) y después como mesero. Me contó que lloraba como un niño, decía que estaba arrepentido por no haberme escuchado y venirse a los Estados Unidos sólo para pasar tantas humillaciones. Con amargura me comentó que, para comerse una hamburguesa y que el dueño no lo regañara, tenía que meterse al baño para hacerlo.

Y el malvado de Miguel lo engañó diciéndole que se viniera sin visa porque él tenía contactos en la frontera para pasarlo sin ningún problema. El verdadero dueño del negocio de hamburguesas era otro latino igual o más mentiroso y lo tuvo trabajando durante tres meses en ese lugar y sin pagarle ni un centavo; le decía que con permitirle dormir en un sillón se diera por bien pagado. ¡Qué injusticia! ¿Verdad? Pero bueno, no escuchó consejo. Aun siendo profesional en su país decidió venirse a la aventura y pagó las consecuencias.

Y así sucedió, nuestras vidas cambiaron radicalmente y todo se desintegró. Pero era propósito de Dios, Él tenía planes para mi vida. Él quería que le sirviera y con mi primer esposo no hubiera podido hacerlo, porque él era muy religioso pero perdido y equivocado. El segundo descuadrado en una falsa doctrina, muy lejos del verdadero Evangelio que es la Palabra de Dios y la Sana Doctrina, la cual está escrita en la Biblia. Y Él en su Palabra dice que te aparta de los malvados y no les permite verte. Y así lo hizo, me los escondió, porque ni el uno ni el otro buscaron a sus hijos ni tuvieron relación con ellos, ambos muy malos padres. Nunca más los vi. Qué mal escogí o mejor dicho, lo hice sin Dirección Divina, me faltó sabiduría y así lo dispuso Dios.

No Fue Fácil, Pero Gracias A Dios Lo Logré

Anteriormente describí que cuando llegué a Estados Unidos mi situación económica fue desgarradoramente difícil, sin embargo, como siempre he sido mujer de lucha, que trabajé desde niña aun cuando mi familia era próspera y tuvo aquella tienda, que realicé labores acordes a mi edad con nuestros vecinos después que mi padre nos abandonó y lo seguí haciendo hasta que por mí misma y con la ayuda de Dios siempre pude costearme mis estudios y graduarme. Por lo tanto, al llegar a esta gran nación no me iba a quedar de brazos cruzados sin hacer nada, ¡por supuesto que no! Siempre confiando en Dios y siguiendo la Dirección Divina de Él.

En mi país desarrollé diversas ocupaciones; tuve un exitoso negocio de comida, trabajé en medios de comunicación mientras estudiaba lo referente a la nutrición, pero desde niña me había inclinado por tener mis propios negocios y por vender diferentes artículos. También tuve un local de materiales escolares y fue muy próspero.

Fue entonces que en base a todos esos conocimientos y experiencias adquiridas y con una fe inmensa en el Todopoderoso, empecé a vender cremas y perfumes casa por casa, de igual manera que hacía "demostraciones" de variados artículos con amigas y otras personas que fui conociendo en Estados Unidos de Norteamérica.

También fue que durante algún tiempo "nos apretamos el cinturón" mis hijos y yo, pero pude ir ahorrando algo de dinero, poco a poco y con mucha disciplina, hasta que reuní lo suficiente para alquilar mi primera oficina en la cual inicié un negocio.

Acostumbrada a los micrófonos de la radio y a los reflectores de la televisión en los que había laborado, que son como parte de mí, siendo además una convencida que la publicidad es primordial para sacar adelante un negocio, comencé a vender productos de belleza haciendo mis propios comerciales y vendiendo productos por televisión y radio.

Los clientes llamaban a mi oficina, pedían los artículos que estábamos promocionando y nosotros se los enviábamos a sus domicilios. De esa manera fui bendecida por Dios, comencé a labrarme un porvenir en Estados Unidos, eso sí, sin dejar de estudiar para ampliar mis conocimientos, los que ya traía desde mi país en cuanto a la nutrición y otras variantes de la misma ciencia hasta que logré certificarme aquí como Consejera de Salud Natural (Nutricionista) y Doctora en Naturopatía, la carrera que me ha permitido ayudar a infinidad de personas durante más de 30 años y gracias a Dios he visto recuperar la salud de muchas personas porque ellas mismas decidieron llevar y cambiar a un estilo de vida diferente y como ganancia obtendrán su sanidad por la obediencia de cuidar su templo.

Entonces y con la bendición de mi Padre Amado Celestial, mi vida tomó un nuevo cambio dedicándome de lleno al naturismo abriendo el primer negocio de nutrición, que luego fue ampliándose cuando inauguré la segunda y así sucesivamente hasta que conseguí tener una cadena de siete tiendas con venta de productos naturales y primordialmente con la creación de mis propias fórmulas. Gracias a Dios que me dio ese conocimiento y el talento el cual he desarrollado día a día diligentemente, preparándome para servir con integridad y ética profesional a todo aquel que requiere de mis servicios en el ministerio de salud.

Al paso del tiempo también fui adquiriendo diversos títulos y preparación en la salud, pues hasta el día de hoy conservo esa primicia que es continuar aprendiendo, porque cada día hay nuevos descubrimientos que son benéficos para la salud de las personas y un cambio de estilo de vida que les permite mantenerse saludables. Al mismo tiempo he escrito 29 libros con diferentes tópicos y siempre con buenos mensajes.

De igual manera y con unas finanzas sólidas, Dios me ha permitido comprar propiedades, así como realizar viajes por los cinco continentes, a los cuales y al mismo tiempo voy de misionera a ayudar al necesitado, predicando el Evangelio de Jesucristo y siempre trabajando para el Reino, sembrando día a día en el Evangelio, el 80% de las finanzas que Él me da son para la obra.

También durante estos buenos tiempos de cosecha, me he desarrollado personalmente como escritora y compositora de canciones y alabanzas. En ambos rubros, el Señor me ha bendecido grandemente y me ha multiplicado con familia, así como prosperado en todas las áreas de mi vida y en los talentos que Él me ha dado. Del mismo modo, estoy muy agradecida con Él por la Dirección Divina a mi vida y la de toda mi familia alcanzando almas diariamente para Gloria y Honra de mi Señor Jesucristo.

No digo que ya lo haya alcanzado todo, prosigo a la meta y en la lucha diaria con la ayuda de Dios que siempre va delante de mí… Y vienen más pruebas a mi vida y seguirá habiéndolas mientras viva aquí en la tierra.

Sin embargo, ahora tengo un abogado, el mejor porque nunca ha perdido un caso y el mejor juez, el más justo, el que pelea por mí y siempre está conmigo hasta el último día de mi vida y hasta la eternidad.

Cabe mencionar que no todo el tiempo tuve prosperidad financiera, por supuesto que no, los negocios tienen altas y bajas provocadas por distintas situaciones como una gran recesión, por ejemplo. Pero yo me mantuve firme confiando en Dios Todopoderoso siempre, cuidando las finanzas y diligentemente parada en la brecha con mucha fe y esperanza, confiando siempre en Él, porque nada es nuestro, todo es de Él, el dueño del oro y la plata, y nada más nos las da para administrarlas. Gracias a Dios nunca faltó un plato de comida en nuestra mesa y nos sentimos muy bendecidos por todo lo que a lo largo de nuestras vidas Él ha hecho en nosotros y por su guianza espiritual, su amor, cuidado y perdón.

Por Otra Parte, Tropecé Con La Misma Piedra Y Decidí Buscarlo De Nuevo

Parece canción, ¿verdad?... Mi tercer "retoño" continuaba creciendo y cuando tenía 10 años empezó a preguntar por su padre biológico pues quería buscarlo y conocerlo. Aunque debo confesar que amor nunca le faltó porque tuvo el de mi primer esposo, de quien les comenté anteriormente, realmente él fue el padre de crianza de mi tercer hijo y lo supo durante todo el poco tiempo que estuvo bajo su cuidado. Pero insistía en conocer a su padre biológico, claro que en ese momento ignoraba todo acerca de la infeliz vida que su hermano y yo habíamos pasado a su lado. Sin embargo, fue tanta su insistencia que decidí contratar un detective privado para buscarlo, éste me cobró 'un ojo de la cara' (le pagué mucho dinero) pero logró hallarlo después de seis u ocho meses de búsqueda.

Cuando el detective me dio su reporte y leí el historial de la vida del hombre que él había hallado, ¡oh sorpresa, no lo podía creer!, parecía que me estaba hablando de otra persona. ¡De veras que no lo podía creer!, pero claro, todo es posible y ya habían pasado casi once años desde que dejé de verlo. Pues bien, ahora era una persona diferente, nada que ver con aquel tipo prepotente, pedante, grosero, alcohólico y que era bien parecido. ¡No! Era un tipo dedicado a una falsa religión, que vivía solo y trabajaba como albañil, estaba muy mal económicamente y tenía un carrito viejo que funcionaba casi a puros empujones.

No podía explicarme lo que leía en aquel informe, ¡cómo un hombre que siempre había recibido todo de sus padres y su posición económica era muy buena, quien se sentía el "Adonis del barrio", el actor que nunca llegó a ser, viviera ahora en esas condiciones! Pero no había equivocación, todo lo que estaba escrito ahí era cierto y opté por darle a mi tercer hijo la información. De manera que decidió verlo y llegó el día en que cumplí su deseo y viajamos, el encuentro se dio en el Aeropuerto Internacional de la Ciudad de México. Derrotado como estaba, digo, porque yo lo consideraba afectado de su entendimiento, él quiso comportarse con altivez y prepotencia, pero esta vez su estrategia ya no le funcionó porque las cosas ahora eran al revés. Nuestro hijo y yo teníamos la sartén por el mango, o sea, la decisión de aceptarlo sólo como amigo y nada más, o en una condición diferente. Pero otra vez mi nobleza me hizo perder, y digo perder porque dedicarle tiempo a alguien que como padre no tiene valor, porque él no quiso responsabilizarse del regalo que Dios nos prestó para amarle, él evadió eso.

Creo que era una pérdida de tiempo y bueno, decidí una vez más perder 'tiempo, dinero y esfuerzo', siguiendo siempre la Palabra de Dios; perdona a tu enemigo 70 veces 7. Además él era el padre de mi tercer hijo y había sido mi esposo. Así que nuestro retoño quería convivir más con su papá y yo volví a confiar en él.

El tipo, como buen embaucador, supo cómo suavizar a mi tercer hijo, de quien nunca se acordó ni se preocupó, pensando quizás que nosotros podríamos ser "su tablita de salvación". ¡Sí, cómo no!, estábamos en otro país, bien establecidos, con éxito, negocio propio y buena situación económica gracias a Dios... ¡Claro!, lo único que le quedaba al "pobrecito" era "aprovechar" la situación para salir del hoyo en el cual se hallaba desde hacía mucho tiempo atrás.

Por supuesto que a él sus padres lo habían echado de sus vidas, ¡imagínense, ni sus propios padres lo querían! Pero como se dice en la jerga popular, "cosas como éstas pasan hasta en las mejores familias" y, como siempre, el "susodicho" terminó abusando de nuestra nobleza. Él volvió a "lavarme el coco" (embaucarme) y yo a creerle porque sigo la Palabra de Dios; amar a mis enemigos y a mi prójimo como a mí mismo. Y bueno, por qué no creerle, pensé que Dios había transformado su vida, al igual que lo había hecho con la mía.

Y bueno, al actor fracasado no le quedó otra cosa sino fingir que nos amaba con locura, lloraba y decía que no podía vivir sin nosotros. Dijo que no nos quería perder de nuevo, 'luego de habernos encontrado después de tanto tiempo'... ¿Cómo? ¡Perdón!... Si nosotros lo encontramos a él porque contraté un detective pera buscarlo, asimismo nos contó que su vida había sido muy desdichada sin nosotros y como lloraba y suplicaba, le creímos.

Después de la visita y encuentro, mi tercer hijo y yo regresamos a Estados Unidos, pero ambos decidimos que le enviaríamos dinero para que pagara sus deudas, porque de veras estaba muy endeudado. ¡Ah!, también para su pasaje. ¡Sí, para su boleto de avión!, para que más adelante él nos alcanzara en este lado de la frontera. Siete meses después se vino a vivir con nosotros, el tiempo que le llevó tramitar su visa para poder venir.

Lo que pasó fue que cuando nos casamos ambos profesábamos la misma fe, pero cuando él vino a Estados Unidos ya era Testigo de Jehová y yo Cristiana. Tan astuto era que no le importó mentir, dijo en la iglesia a la cual asistía que nunca se había divorciado y decidía volver con su esposa. Obviamente, todo con la intención de vivir bien y ya no 'a medio trabajar para medio vivir'. Así, consiguió embaucarnos a todos y logró su objetivo de vivir como rey sin pagar por nada. ¡Hello!

Su cerebro estaba más 'descuadrado' que siempre, pero ahora por sus creencias, realmente desequilibrado, decía que su religión no le autorizaba trabajar si no lo permitía el 'César', aunque yo nunca entendí a cuál César se refería; no sé si hablaba de un novio que tuve antes que él regresara o de César, el emperador romano. ¡Qué locura! Todos sabemos que aquí y en China, en Roma o Inglaterra, tenemos que trabajar para comer, la Palabra dice "que no coma el que no trabaje", así es que tenemos que trabajar para comer. Pero no él, ¡él no podía trabajar porque su religión y el César se lo prohibían!

Imaginen ustedes la revolución que se armó en la casa, él Testigo de Jehová, yo Cristiana y por si fuera poco mis hijos mayores eran Católicos. ¡Padre Santo! De manera que fue una guerra espiritual, una batalla campal en casa a diario durante cuatro años, hasta que por fin nuevamente él y yo decidimos separarnos. ¡Ufff, qué atinado!, porque casi todos en esa casa ya estábamos locos. En especial mi tercer hijo, al que su padre de crianza, mi primer esposo, le dejó por herencia su problema de obesidad. Imagínense, mi esposo con su falsa doctrina y mis hijos en el mundo del catolicismo, de veras, todos atravesábamos por un cambio.

Era que el Señor estaba tratando con nosotros para poder usarnos, porque Él usa vasos limpios y nos estaba pasando por pruebas y fuego para refinarnos como oro fino, nos quebrantó, nos rompió para formarnos y transformarnos, porque Él es el alfarero. Así dice su Palabra, nos hizo nuevos. Gloria y Honra a su nombre.

Pero fue que el Señor me dio sabiduría y entendimiento, y entonces mi esposo y yo, ambos de común acuerdo, decidimos separarnos. Por supuesto, no sin que antes se hubieren suscitado cosas y muchos problemas entre él, yo y nuestro hijo, como lo escribí anteriormente, porque él vino con otras intenciones.

¡Ah!, porque además, como yo ya era ciudadana americana, él quería que "le arreglara sus papeles para hacerse legal" en Estados Unidos. ¿Qué les parece? Y por cierto ahí comprobamos que no sentía amor por nadie, ni siquiera por su propia sangre, nuestro retoño y mucho menos por mí. Pero después "que pusimos las cosas claras", cheque usted el dato, porque inclusive renovamos nuestros votos de matrimonio porque insistió tanto y se casó nuevamente conmigo por la fe cristiana. Claro, no sin antes asegurarme que todo estuviera bien, porque el Señor ya había hablado a mi corazón para que hiciera las cosas diligentemente y así lo hice.

Firmamos un contrato prenupcial con cláusulas bien específicas que fueron para protección legal de los bienes que les correspondían a mis hijos y al nuestro, así como de mi propia protección, porque habían sido frutos y bendiciones que el Señor me había otorgado a mí y era producto de mi trabajo, tenía que cuidar y administrar bien esas finanzas.

Pero como ese contrato lo firmamos un día antes de nuestros votos matrimoniales, para él fue una sorpresa y un gran enojo que yo protegiera los bienes de mi familia. Y después de eso, al mes protestó y se volvió más exigente porque se dio cuenta que no había logrado su objetivo y que ahora sí tendría que trabajar si quería dejar alguna herencia.

Así que le puse como alternativa que si él no trabajaba para sus gastos de casa, porque no quería trabajar, "se iba" y "él se fue", nunca volvió a comunicarse con nosotros quedando bien claro que lo único que quería era sacar provecho de nosotros para obtener un status legal y una buena economía. ¡Qué tristeza saber que existen personas así! En fin, de ellas se encarga Dios cuando tengan que rendirle cuentas porque todos, absolutamente todos, tendremos juicio delante del Rey, y ahí daremos cuenta de nuestros actos.

Pero así los hay por montones, varones irresponsables, quienes un día tendrán que rendir cuentas y de allí no podrán escapar. Sin embargo, le mandamos bendiciones donde quiera que él esté y oramos por él, para que el Señor le abra sus ojos espirituales y toque su corazón, para que un día se rinda a los pies de Jesucristo, que es el único camino, la verdad y la vida, y cambie su manera de pensar y de ser, y que se arrepienta genuinamente porque Dios no puede ser burlado.

Y, aunque parezca redundante, ¡este loco casi termina por enloquecernos a todos! Definitivamente él no quería trabajar pero sí andar de casa en casa tocando puertas, repartiendo revistas y según él, '¡arreglando familias!'. ¿Lo pueden creer? ¡Ah!, además tenía que seguir dando ofrendas en su congregación porque si no lo hacía ¡lo expulsaban! Por el amor de Dios, ¿entiende usted a esta gente tan irresponsable y desequilibrada? Lo bueno fue que nos dimos cuenta de sus locuras y así desapareció de nuestras vidas y nunca más se comunicó con nuestro retoño y mucho menos conmigo, claro está, porque no obtuvo el provecho que vino a buscar, él traía otras intenciones en su corazón y como no pudo conseguirlo pues se apartó de nuestras vidas, nunca más le llamó ni mucho menos le importó si lastimaba nuevamente su corazón, ¡y vaya que sí le desequilibró!, porque aún era adolecente cuando su padre se fue.

Que el Todopoderoso tenga misericordia de él y si lo trajo fue con un propósito para su vida, porque yo me pongo a meditar y ni en sueños hubiese vuelto con él y, sin embargo, lo hice aunque él se había portado muy mal con nosotros. Pero el Señor tenía planes y propósitos para que volviéramos a estar juntos. Así le plació a mi Rey y Señor.

Pruebas Y Bendiciones

Pues esta es la historia de mi vida y, sin embargo, no todo ha sido crisis y dolor. Doy gracias a Dios que me dio el don de escuchar, de ayudar y de sanar a mucha gente del alma, del cuerpo, del espíritu y hasta del corazón, ministrando y compartiendo mi testimonio. Existimos gente así y muchas veces nos toca vivirlo, aceptando y llevando a cabo la misión que vinimos a cumplir en este mundo y siempre es un propósito divino, pasamos por pruebas, tribulaciones, desiertos y hasta por valle de sombras y de muerte, pero en medio de todo eso está siempre el Todopoderoso teniendo todo bajo control y bajo su cuidado. Porque Él cuida de sus hijos y les guarda en el hueco de su mano, cuando uno sigue la Instrucción Divina y atiende a su Palabra, Él lo rescata, lo justifica, lo sana, lo transforma y perdona.

Porque siempre se hace su voluntad, no la nuestra, y yo le digo: "Heme aquí Señor". Por otro lado, aun teniendo el conocimiento y la sabiduría volví a confiar sin pedir nuevamente la Dirección Divina y viene la disciplina a mí, porque el Señor al que ama disciplina. Entre las grandes desgracias que tuve que vivir en Estados Unidos, fue darle trabajo a un hombre de origen colombiano, quien era el recomendado de un amigo mío. A éste yo le brindé mi confianza sin saber que un mes más tarde su presencia iba a causar muchos problemas a mi persona y a mi negocio. El sinvergüenza me pidió que le ayudara pues acababa de llegar de su país y no tenía trabajo; yo sentí compasión por él y pensando que de verdad lo necesitaba le di el empleo y le ayudé en todo. Hasta le presté para que comprara un carro y hasta le serví de "fiador" (cosigner), pero nunca me pagó. Sin embargo, le hablé de la Palabra de Dios, le comenté que unos años antes yo había recibido a

Jesucristo en mi corazón como mi único Señor y Salvador y le hablaba de mi testimonio y él aceptaba que le compartiera la Palabra de Dios, hasta empezó a congregarse en una iglesia cerca de su casa, entonces yo no desconfiaba de él, pensaba que era una persona que buscaba del Señor Todopoderoso y eso me dio gozo y tranquilidad sin yo saber que dentro de él había mucha maldad.

Cabe mencionar que él era muy labioso y consiguió que le diera mi confianza, pero su intención no era comportarse con honestidad. Pasó que tuve que viajar fuera del país para asistir a un seminario de salud y lo dejé solo al frente del negocio durante dos semanas, antes acordamos que él se quedaría con las ganancias obtenidas en esos 15 días, pero durante mi ausencia él, para sacar más provecho y por supuesto dinero, se puso a prometerles a los clientes cosas que no eran ciertas y a hacer publicidad inconveniente. Por lo menos eso dijeron algunos clientes.

Cierto día y sin darme yo cuenta porque estaba ocupada en una llamada telefónica, él discutía con un cliente y éste le reclamaba porque no había cumplido "lo que él le había prometido". Pero cuando escuché voces altisonantes y presencié esa escena que ya era violenta, me molesté mucho y le dije que no le podía dar más trabajo, que se fuera, porque además él era muy abusivo con otra empleada que tenía en mi negocio, porque ella me había dicho que él la trataba muy mal, a mis espaldas por supuesto, y entonces gracias a Dios se fue. Lo cierto que era un hombre muy conflictivo y siempre con un espíritu de división y contienda.

Meses después, muy enojado, el cliente entabló una "demanda" contra mi negocio en la cual me acusaba a mí como dueña; pero yo estaba ajena a toda "promesa" que el mal empleado colombiano hubiere ofrecido a mis clientes. Y una mañana al llegar a mi negocio sorpresivamente fui arrestada por esa demanda en mi contra. Todo eso fue motivado por él, quien prometió a mi clientela lo que no podía cumplir, aprovechándose de mi negocio, de mi nobleza y porque creí que gente como él era honesta. Además aquel cliente también quería sacar provecho, porque dijo muchas mentiras a las autoridades.

Claro que estaba muy asustada porque sabía que yo no había cometido ningún delito o crimen para ser arrestada. Gracias a Dios salí libre y sin cargo alguno, porque se comprobó que yo nunca prometí nada e ignoraba lo que este falso creyente hizo en mi negocio durante mi ausencia. Pero gracias a Dios todo se aclaró. Sin embargo, fue horrible para mi persona y mis hijos porque fue una experiencia traumática, creo que no hay peor pesadilla que perder tu libertad y ser arrestada injustamente. Y una vez más perdí tiempo y dinero. Físicamente y mentalmente me sentía mal, muy desgastada y todo por ayudar a alguien dándole trabajo y por creer en una persona desconocida, asimismo por falsos clientes, porque se descubrió todo.

¿Amados, qué les parece esta amarga experiencia? No obstante me mantengo en la ideología del Creador: 'Haz el bien sin mirar a quién' y 'Todo lo que se siembra se cosecha', así es, si siembras bien así cosecharás y caerán mil a tu diestra diez mil y a tu siniestra, a ti no te tocará porque Dios guarda a sus hijos amados. Y a mí me ha guardado durante todo el tiempo. Todas esas armas forjadas que el enemigo ha lanzado contra mí y mi familia, no han prosperado.

Y cuando tus enemigos quieren hacerte daño, Él pelea por ti y me ha llevado de gloria en gloria y de victoria en victoria. Poderoso es su bendito nombre, el de mi Amado Señor y Salvador Jesucristo.

Sí, fue mucha tribulación, años muy difíciles, tenía desórdenes en mi mente, hubo momentos en que me sentí tan inferior, sentía que mi vida era una desgracia y en muchas otras ocasiones pensé que había nacido para sufrir, que por eso me pasaban tantas cosas. Sin embargo, sabía maquillar y disimular muy bien las circunstancias, tanto así que la gente hasta pensaba que yo era muy feliz. ¡Vaya!, hasta pensaron que era económicamente rica y no me faltaba nada, qué contradicción para mi persona, aunque era próspera yo sentía todo lo contrario, ya conocía la Palabra de Dios la cual no aplicaba en mi vida, era cristiana tibia y sin discernimiento espiritual, confiando en las personas del mundo y también en las de mi misma fe pero que fallaron, las cuales algunas eran falsas y aprovechadas.

Yo estaba llena de dolor, de desprecio, de maltrato y de sufrimiento y, aunque por fuera sonreía y aparentaba ser feliz, ¡qué ironía!, dentro de mí lloraba y me desgarraba poco a poco. Muchas veces pensé que no valía nada y me pregunté para qué nací, cuál era el propósito para estar en esta vida y no obtenía respuesta. Me sentía abandonada, abatida y sin embargo Dios no me abandonaba, Él estaba conmigo siempre y conocía mi corazón y lo más íntimo de mi mente. Sabía que me iba a usar grandemente en el Ministerio porque Él ya me había predestinado. Desde antes de la fundación Él sabía el nombre que me iba a poner, Él me llamó, me justificó y me glorificó, y fui adoptada hija suya. ¡Aleluya!

Aunque me veía en el espejo y sabía que no era una persona fea, que era atractiva, bonita y joven, yo sentía todo lo contrario; me sentía con un autoestima muy por debajo de los demás. Sin embargo, en toda esa oscuridad resplandecía la luz y era la omnipotencia de Dios quien me levantaba y yo sin saber que Él me guardaba y me decía; "Aquí estoy, clama a mí, yo te responderé y te revelaré cosas grandes y maravillosas". Y así era la petición de mi corazón, Él me contestaba y me consolaba y me daba la fortaleza que yo necesitaba día a día. Él hablaba a mi corazón.

Así continuó mi vida, yo no sabía cuál era el propósito para ella, pero Él sí tenía propósitos, porque mi mente es finita pero la de Él es infinita y sabía lo que yo necesitaba, no lo que yo quería. Asimismo, era una continua guerrera, aunque me caía nunca me rendía, Dios en su infinita misericordia me levantaba porque Él conocía lo más íntimo de mi corazón y sabía siempre que por amor hacía yo las cosas, por amar demasiado yo permitía esos abusos en mi vida, sabía que yo nací para servir y no me sentía digna que alguien me sirviera a mí, sin importar el estatus social de los amigos, familia o de diferentes personalidades. Yo era siempre la que ponía, la que servía, la que daba. ¡Qué privilegio y qué agradecimiento para mi Señor, servir y dar es mejor que recibir! Pero créanme amados lectores, que era una gran satisfacción, un placer, servirles a los demás y sigue siendo, sin importar si ellos reconocían o no ese servicio, porque yo sé que trabajo con excelencia para el Señor, no para ser reconocida o recompensada por el hombre. Eso es agradable a Él, que sus hijos sean siervos, no servidos.

Nací De Nuevo Y En El Proceso Hubo Transformación...

Y he vencido al mundo por fe, porque creo que Jesús es el hijo de Dios y que murió por mí y por ti en la Cruz del Calvario para el perdón de nuestros pecados pasados, presentes y futuros, y que resucitó al tercer día de entre los muertos y Él vive para siempre y hasta la eternidad. Sin embargo, la mejor etapa de mi vida y uno de los mejores momentos de transformación y conversión fueron cuando acepté a Jesucristo en mi corazón como mi único Señor y Salvador, pero aún estaba en el proceso del cambio y no tenía convencimiento, porque estaba convertida pero no convencida.

Me desarrollaba como mujer de negocios, con mi residencia permanente en USA, mis hijos sanos de cuerpo y alma estudiando sus respectivas carreras, yo conducía un buen auto y era propietaria de una casa, según yo "ya había logrado el sueño americano".

No obstante, tenía un novio que no poseía absolutamente nada y yo vivía en desobediencia una vez más porque me faltaba conocimiento y una verdadera comunión con Dios, pero como yo ya había consolidado mis logros quise ayudarlo como persona. Él acababa de llegar de México y me convenció para que "le diera la mano" (le ayudara) e incluso pensé en el futuro "arreglarle papeles", sí, porque para mí ya era una tercera persona en mi existencia y quería hacer vida con él, inclusive él recibió a Cristo en su corazón. Lo conocí en un cumpleaños mío, él tenía una 'carita de ángel' y se me fue metiendo hasta que llegamos a tener una relación formal y lo llevé a vivir a mi casa, en la que también estaban mis hijos. Y por no pedir la Dirección Divina y estar en desobediencia y en yugo desigual, porque únicamente lo hice por emoción, otra vez volví a lo mismo. Eso pasa cuando te sales de la cobertura de Dios y haces las cosas a tu manera, siempre te resultan mal porque no es el plan de Él y tomas malas decisiones, como lo hice yo una vez más no haciendo las cosas en Orden Divino y viví con él sin casarme y eso es fornicación. ¡Qué error!

Así es como comienzan algunas historias 'rosas' de parejas, pero yo jamás imaginé que este hombre fuera hacerme víctima de violencia doméstica. Pues bien, yo desconocía gran parte de su vida y pensé que era una persona normal, sin embargo, él padecía de un desorden de personalidad muy fuerte; traumas, frustraciones, qué sé yo, quizás sus pocos estudios y su falta de cultura, aunque tenía buena apariencia física, lo hacían verse frente a mí como alguien de menor valor y empezó a celarme, a mostrar una inseguridad que rayaba en lo más ridículo. Él fracasaba en todas las encomiendas que yo le daba y tal vez eso fue acrecentando su complejo de inferioridad, porque parecía una persona que sabía y era muy solícito para hacer las cosas, pero al final como no hacía nada bien se frustraba y enojaba. Cabe mencionar que él había estado en el Ejército Mexicano y desertó no sé por qué motivo. La verdad es que estaba bien loco.

Los resultados no se hicieron esperar y su tonta reacción contra mí fue de violencia. En una de esas ocasiones él me aventó a la piscina (alberca) de mi casa para ahogarme pues en ese entonces yo no sabía nadar ya que recientemente había comprado esa propiedad, pero como pude salí de la alberca y llamé telefónicamente a la policía.

Después sobrevino otra agresión y otra vez recurrí a las autoridades quienes, viendo que era la segunda vez que él incurría en violencia doméstica, además de haberlo tenido encerrado en la cárcel, la Oficina de Inmigración decidió deportarlo.

Sin embargo, solamente él sabe cómo lo hizo, seguramente cruzándose por el cerro, pero regresó pidiéndome que lo perdonara y lo perdoné, ¿qué les parece?, pero así es la violencia doméstica, te hace codependiente de tu propio agresor. Yo viví en carne propia una vez más en la oscuridad. Sí, me convertí en su codependiente, lo acepté de nuevo y hasta pensé que quería saber más de la Palabra de Dios pues empezó a asistir conmigo a la iglesia. ¡Vaya, hasta tomamos clases para casarnos! Y fue que así lo propuse en mi corazón, para hacer las cosas a la manera de Dios y estar dentro del orden y preceptos de Él.

Lo hice porque se mostró muy cambiado, me trataba bien, se esmeraba en darles cariño a mis hijos, trataba de introducirse en la familia y, repito, con 'su carita de ángel' me convenció. Fue como una etapa de adicción en la que él, como si fuera una droga me hacía permanecer a su lado. Pero era una relación tóxica, dañina, en la que me hundía más y más. Uso el término 'codependiente' porque siendo una terapeuta de éxito, quien aconsejaba a la gente en qué momento debía dejar una relación que le estuviera afectando, además escribiendo libros de superación y ayuda a la familia, yo misma no lo hacía en mi vida y créanme que así hay muchos casos, muchas personas predican lo que no practican, así como yo lo hacía.

¡Ah!, pero además de violento era un ladrón y mentiroso, en una ocasión él vendió algunas joyas mías para mandar dinero y una computadora a México.

Pero yo no me podía deshacer de una relación que realmente me estaba dañando en todos aspectos. Me alejé de la iglesia y se puede decir que a él "lo hice mi Dios", olvidándome de los principios y según yo viviendo una era feliz, un cuento de hadas con mi agresor.

Además yo no quería estar sola, necesitaba una pareja "aunque fuera bien dispareja" y viví fuera del Orden Divino, en desobediencia. Pero vino la disciplina, porque Dios al que ama disciplina. ¡Y vaya que me dio azotes mi Señor y Salvador!

O tal vez era el temor 'al qué dirán' lo que también me impedía rebelarme a él, pensaba en lo que diría la gente que me conocía si se enteraba que él me golpeaba y me maltrataba. ¿Dónde quedaría mi credibilidad como profesional si eso llegara a saberse? Yo ya estaba en los medios de comunicación en Estados Unidos, con libros escritos y programas al aire en televisión y radio, y como nutricionista certificada dando consejos y asistiendo a mi congregación, teniendo amigos pastores evangelistas, ministros ordenados y yo no les comunicaba nada de mi vida privada.

Lo que más me apenaba era que mis hijos y sobrinos ya eran adolescentes y, si yo llamaba a la policía una vez más cuando él me agredía, no había modo que mis hijos no se enteraran pues todos vivíamos en la misma casa, porque era grande y me quedaba callada.

Pero llegó el día que no quise soportar más y recurrí otra vez a las autoridades, se lo volvieron a llevar, lo tuvieron encarcelado y de nueva cuenta lo deportaron. Sólo que esta vez fue definitiva porque como era reincidencia ya no regresó... Pero fue un pasaje traumático en mi vida y de inestabilidad total. Gracias a Dios que una vez más me rescató y empecé una vida de oración e inició el cambio radical en mi vida, empecé a servir únicamente a mi Señor y Salvador asistiendo más a la congregación y aprendiendo más de la Escritura, vino una fuente de sabiduría a mi vida y Él en su infinita misericordia me empezó a dar Revelación de la Palabra y yo a entenderla mejor. Y Él se convirtió en el centro de mi vida y en mi mejor amigo fiel, mi amado y mi primer amor.

Lo más importante fue que aprendí a escuchar la voz de Dios y cuál era el llamado para mí o el propósito que Él tenía para mi vida. Y así me rendí, Él me sacó de la oscuridad a la luz. El Señor en su infinita misericordia me dio cosas más grandes para mi Ministerio, frases edificantes para la familia y libros de enseñanzas y pasajes bíblicos, así como 7 libros de Las Mujeres que Dios amó, 7 de Los Hombres que Dios Llamó y 7 de Los Milagros de Dios, 21 en total. ¡Qué privilegio, qué bendición que el Señor me use de esa manera! Del mismo modo son libros que han ministrado mi vida y la vida de muchas personas.

Me involucré en el ministerio y en más cosas para trabajar en el Reino; volví a sentir esa paz que sobrepasa todo entendimiento, esa paz que te da el Señor Jesucristo y me vino una fuente más grande de inspiración, otro talento más hermoso, porque después del ministerio de salud vinieron muchas bendiciones; más de tres mil frases de ministración e ilustraciones para niños en diferentes ministerios y escuela dominical, éstos también los comparto en programas radiales cristianos. La multiplicación de sobrinos y nietos dedicados a Dios, así como un sinfín de prosperidad en mi vida y una renovación de mente, cuerpo y alma, y crecí espiritualmente para la Gloria y Honra de mi Señor y Salvador Jesucristo, y empezó en mí una transformación total.

Cabe mencionar que yo fui la primera persona que el Señor llamó a servirle y ahora el 85% de mi familia le sirven a Cristo en diferentes países y a lo largo de Estados Unidos, qué precioso regalo, me aferré a la promesa de mi amado Padre Celestial; yo y mi casa servimos a Jehová y por fe sé que el 15% que falta llegará a servirle al Señor. En la actualidad soy Ministro Ordenado del Evangelio y predico la Sana Doctrina de Jesucristo en todas las naciones donde Él me manda y me permite ir como misionera.

El Perdón Te Libera Y En El Tiempo De Dios Es Perfecto. Porque Él Está Siempre A Tiempo Y Fuera De Tiempo

Por otro lado, solté, perdoné y olvidé. Pasaron muchos años en que mi subconsciente borró la imagen de mi padre. Tenía doble razón para no querer saber nada de él pero…, claro, el infaltable 'pero'… Cierto día una conocida mía me dijo que mi padre estaba aquí, ¡en Estados Unidos! Todo fue como un torrente de información. Me comentó que él había pertenecido a una importante empresa en el área administrativa y ya estaba jubilado, que estaba muy enfermo y le habían amputado (cortado), por partes, sus piernas. Agregó que él tenía nueva familia y vivían sólo de la pensión que le otorgó el gobierno, pero que en realidad se encontraban en la vil pobreza y además él estaba enfermo, ciertamente muy mal.

El hecho fue que yo indagué otra vez y a través de una amiga mía me enteré que Andy, un hijo de mi padre, y mi hijo mayor, eran amigos. Que mediante una plática y por la coincidencia del apellido ambos comenzaron a preguntarse y, pues sí, se trataba de él, de mi padre, de quien yo no quise saber más nada e inclusive llegué a pensar que había muerto.

Resultó que, ante la duda, fui, comprobé y conversé con él. Mi papá me confesó que terminó mal su relación con su amante y entonces decidió venir a vivir en Estados Unidos con Martina, su segunda esposa y sus hijos, pero que ella no soportó estar aquí y se regresó a México con todos sus vástagos. Todo lo que se siembra siempre se cosecha y se obtiene el fruto de lo que sembraste, bueno o malo. Y se tienen que aceptar las consecuencias de los actos.

Que al quedarse solo, mientras aún se hallaba trabajando, contrató los servicios de una señora que se encargaba de los quehaceres domésticos de su apartamento, de tenerle su ropa limpia y que en ocasiones le preparaba alimentos.

Era una señora muy humilde, con cuatro hijos, quien había quedado viuda. Ella, al tener hijos y al ver que mi padre ya se había hecho ciudadano norteamericano, se le fue metiendo y él, como era en ese tiempo, formó con todos ellos su nueva familia.

Tuvo dos hijos más con ella, Joseph y Andy, y a todos los mantuvo. Más tarde, mi padre resultó enfermo de diabetes por su mala alimentación y la situación estresante con su pareja y comenzó su suplicio pues al darle gangrena perdió sus dos piernas. Dos de los primeros hijos de la señora eran 'pandilleros' (delincuentes) y le hicieron la vida imposible a mi padre; lo maltrataban, lo despreciaban, le decían 'viejo mocho, inútil', lo aventaban y lo dejaban sin comer. De veras que pagó caros sus errores y el habernos abandonado. Porque Dios no se queda con nada, aunque cuando te arrepientes Él te perdona, pero tarde o temprano llega la consecuencia de sus actos y esos siempre tienen una repercusión, pagar la factura porque siempre hay una siembra y se cosecha lo que sembraste.

Sin embargo, nosotros, todos sus hijos que nacimos en el seno de un matrimonio, siempre oramos por él, como les narré en un principio, para que Dios tuviera misericordia de él.

Alcancé a verlo y frecuentarlo aproximadamente tres años antes que él muriera. Lo ayudé en todo lo que pude, pero sabía que mi padre fallecería por la diabetes, ¡qué contraste!, siendo consejera nutricional que he ayudado a miles de personas a cambiar su estilo de vida a base de la nutrición y les enseño sobre cómo prevenir las enfermedades, así como el control de la glucosa en la sangre con fórmulas exclusivas que nutren al páncreas y de cómo llevar un nuevo estilo de vida para estar saludables, no pude hacer algo por él y al final tuvo cáncer linfático, además de diabetes y mucho más.

Yo lo veía sufrir y llorar en su desesperación, pero ya nada podía hacer porque su mal estaba muy avanzado. Mi padre lloraba e imploraba nuestro perdón, el de mi madre y el de mis hermanos, por primera vez lo veía sincero y arrepentido. Ya estando en sus últimos días lo saqué del infierno que vivía con Domitila y los hijos de ésta, no de los suyos que resultaron ser mejores personas. Lo interné en una clínica y pocos meses después mi padre murió. Nosotros y algunos amigos y conocidos, le dimos el último adiós.

Ahora, ausente de su cuerpo, está presente con nuestro Señor Jesucristo, porque él antes de morir recibió a Cristo en su corazón como su único Salvador, porque le compartí la Palabra, ministré su vida, Dios tocó su corazón y murió siendo salvo. ¡Aleluya!

Igualmente, mi madre murió tres años antes que mi padre y de verdad ella anhelaba que algún día mi papá le pidiera perdón y a nosotros sus hijos por su abandono, pero ya no fue posible ver eso y seguramente ya se encontraron en el cielo. Porque del mismo modo también mi madre, dos años antes de partir, recibió a Jesucristo en su corazón. Gloria a Dios. Me siento bendecida porque fueron muchos años de oscuridad pero salí a la luz del Señor.

Por otro lado, cabe mencionar que cuando tuve mucha bendición en las finanzas (dinero) apoyé a mis amigos, inclusive a algunos de ellos les presté para que dieran el enganche y compraran su primera casa. A muchos otros para que pagaran su renta o para que cubrieran algún problema económico que se les presentaba y hasta para el funeral de algún amigo. No es presunción, fue porque Dios me lo puso en mi corazón de darles esa bendición. Muchos ni me pagaron pero Dios me lo multiplicó porque yo perdoné a mis deudores.

Pero, ¡oh sorpresa! Cuando me tocó a mí necesitar de ellos, ¿pueden ustedes creer esto que leen?, nadie, absolutamente nadie me prestó ni ayudó en lo que le pedí, nadie me dio nada, ni mi familia, ni mis amigos. ¡Vaya!, ni siquiera cuando mi madre murió y yo no tenía dinero para pagar su funeral, porque fue inesperado. Pero así sucedió, ni quienes se decían mis mejores amigos colaboraron con algo, o por decirlo de la manera correcta, ¡con nada!

Porque en la vida hay altas y bajas, no siempre se está arriba. Asimismo, Dios te da lo que necesitas no lo que tú quieras.

Y seguramente era un plan de Dios, ¿cómo fue que siendo yo dueña de casas, de automóviles y de negocios, no tuve liquidez en ese momento? Únicamente tenía sólido pero nada de dinero en efectivo porque días antes había pagado miles de dólares por mercancía del negocio y utilidades. Sin embargo, por esa emergencia tuve la necesidad de pedir pero, para mi sorpresa, nadie, de verdad nadie, me pudo facilitar nada, absolutamente nada. Tuve que abrir una línea de crédito inmediata y fue difícil porque no es tan viable, hay que seguir un protocolo. Eso pasé para poder solventar los gastos del funeral de mi madre, yo tenía la urgencia de ir a otro país inmediatamente y el banco tiene reglas. Clamé a Dios, oré y lloré mucho porque parecía imposible no recibir ayuda de nadie, de los que se decían grandes amigos míos y sí tenían medios económicos, únicamente Dios me ayudó y me fortaleció.

Y sentí dolor en mi corazón porque nunca hubiera esperado eso de ellos, yo nunca les cobré lo que les presté, ni ellos me lo pagaron, les perdoné a muchos sus deudas porque así lo dispuse en mi corazón, perdonar las deudas.

Les repito, eran personas que se decían mis amigos y que por muchos años habían recibido de mí préstamos, regalos, fiestas, comidas y mucho de mi tiempo, de mis consejos, de mi amor y dedicación a ellos. Y nadie tuvo misericordia de mí en ese momento.

No obstante, nadie se compadeció de mí, ni los que tenían y ni los que no tenían. Entonces lloré desconsoladamente porque además de la pérdida de mi madre, ¿cómo era posible?, no podía creerlo, si decían que tenían tanta estimación hacia mi persona y tanto agradecimiento, nadie me apoyó cuando más lo necesité. Nunca durante tantos años les pedí nada, pero cuando lo hice me lo negaron. Parece increíble, ¿verdad?, pero así sucedió en la vida real.

Bueno, cabe mencionar que no fueron todos, sino unos cuantos, quienes me negaron su ayuda y ya no quise llamar a los demás, no tenía caso, porque en ese momento todo se te olvida y había confusión y duelo por la pérdida de mi madre.

Era un propósito de Dios que me los mostrara tal cual eran y luego me alejé de muchos de ellos, pero aún sigo bendiciéndolos porque lo que por gracia recibo por gracia lo doy, así dice la Palabra de Dios.

Es duro aceptarlo pero los abusos que yo he sufrido han sido de generación en generación; por parte de mis padres, de mis hermanos, cuñadas, sobrinas y hasta hijos de las sobrinas. Son terceras generaciones en que ha estado sobre mí esa carga, porque a varios de los hijos de mis hermanos, con la ayuda de Dios, yo los he cuidado, personalmente los llevé a sus escuelas, les pagué sus estudios, me desvelé con algunos de ellos ayudándolos en sus tareas y en sus problemas y líos legales que se metían, y siempre yo tenía que sacarlos y terminaba pagando. Los cuidé en sus fiebres y algunos se han graduado, han salido adelante y están muy agradecidos, primeramente con Dios y luego conmigo. Otros no son nada agradecidos y hasta se han alejado de mí.

Yo le doy la honra y Gloria a Dios por habérmelo permitido y por darme la fortaleza para poder ayudarlos, porque Él tenía un propósito en la vida de todos ellos y en la mía, que le sirviéramos a Él. ¡Qué privilegio! Y siempre he sembrado sin esperar nada a cambio, porque es más placer dar que recibir y yo he recibido muchas bendiciones de parte de Dios porque siempre la intención de mi corazón es sembrar en el Reino, en la Obra, en el Ministerio.

Ahora tengo la fortuna y la bendición de Dios por tener 3 programas de televisión a la semana y 7 en la radio, he permanecido al aire por más de 30 años. Tengo un negocio exitoso que gracias a Dios me ha permitido viajar y conocer muchas partes del mundo. He escrito 29 libros, 3 guiones para películas, algunos han sido incluidos en cintas famosas, 100 alabanzas y temas de canciones que han interpretado reconocidos cantantes, los hice en distintos géneros musicales. Asimismo 3.000 frases para ministrar y reflexionar, y un Ministerio de misionera. También escribo guiones para comerciales. Todas estas cosas maravillosas, dones y talentos son gracias a Dios y a mi empeño, dedicación, esfuerzo, perseverancia, disciplina y sobre todo, la gran fortaleza que me da el Señor para decir: Salí de la oscuridad a la luz. Con la Dirección de Dios y la guianza de Él a su Palabra y obedeciendo y siguiendo sus preceptos, estatutos y Mandamientos.

Además, poseo la gran bendición de tener hermosos tesoros que son mis ocho hijos, unos nacidos de mi vientre y otros de mi corazón, pero a todos los amo. ¡Ah!, y además son once nietos dedicados al Señor. ¡Qué bendición! Y los que faltan por venir, porque sigue la multiplicación para seguir trabajando en el Reino y sembrando en el

Evangelio, haciendo tesoros en el cielo, esa es la mejor inversión, allí se multiplica todo, trabajar en la obra día a día con diligencia.

Gracias a Dios mis hijos no tienen nada que ver con los familiares de quienes les he narrado. Ellos son sanos y productivos, no tienen rencor en sus corazones ni vicios, y lo mejor de todo es que me aman, me honran y respetan. ¿Qué más le puedo pedir a mi amado Padre Celestial? ¡Nada más en absoluto! Únicamente estar agradecida con Él por su amor y misericordia para mí y toda mi familia que el Señor ha llamado para que le sirvan a Él, porque es un verdadero privilegio servirle. Toda la familia y todos trabajan para el Reino, desde el más grande y hasta el más pequeño. Alabado sea su nombre por los siglos de los siglos. Amén.

En la actualidad, gracias a los consejos que doy en distintos medios de comunicación de radio y televisión, la vida de mucha gente ha cambiado; siempre me llaman, me dan sus testimonios y las gracias por ayudarlos a cambiar sus vidas. Y yo le doy gracias a Dios por los talentos y dones que me ha dado, por el ministerio de la salud, la literatura y la gastronomía, así como en más áreas de mi vida. ¡Me siento muy bendecida y agradecida con Él!

¿Y saben qué? Que después de todo lo que he pasado; caídas, desiertos, pruebas, levantadas, desvelos, alegrías, tristezas, fracasos y éxitos, lo más maravilloso que he logrado en esta vida es que a Dios le agradó darme el talento de escribir tantos libros, los mismos que han ministrado las vidas de muchas personas y la mía propia, así como la de mi familia y el don de la salud. La Gloria y la Honra son para Él.

Mi Recompensa

Fue necesario pasar todas esas pruebas porque a Él le place y que siempre se haga su voluntad, no la mía.

Después de muchos años de vivir tanto dolor desde niña, adolescente y aun de adulto, de tanto sufrimiento y una vida de abusos, Dios en su infinita misericordia y su grande amor me ha permitido gozar de la alegría, la felicidad y el tener paz, esa paz que sobrepasa todo entendimiento.

Gracias a Él tenemos abundancia en muchas áreas de nuestras vidas, en salud, amor, mis familiares y yo, en hermanos, en nietos, en trabajo, en finanzas para sembrar en el Reino (economía), en paz y en reposo con amor y perdón. Pero fueron muy difíciles las pruebas, de pasar por desierto y las tribulaciones, sin embargo, eso no quiere decir que ya lo haya alcanzado todo, no, yo prosigo a la meta, en la lucha, en la batalla y en la guerra diaria porque soy soldado de Cristo y me mantengo de pie sirviéndole a Él, porque de Él viene la fortaleza que es mi Roca y me sostiene. Él es mi Rey y amigo fiel. Y aún sigo pasando pruebas y tribulaciones, sin embargo... ¿De quién temeré? Si Él está conmigo, ¿quién contra mí?

Son muchas cosas las que se tienen que pasar de acuerdo a los propósitos de Dios, pero amados, puedo decirles que ahora con Cristo en mi corazón todo es diferente, que por dura que sea la prueba por la que tengo que pasar, la vivo con alegría, con gozo, porque sé que Dios está conmigo, que Él va siempre delante de mí y que me da la fortaleza para seguir hasta el día de su venida, que es muy pronto que Él viene por su iglesia. ¿Y tú estás preparado?

Yo estoy muy agradecida con mi Señor por la salvación de mi alma, por la sanidad de mi cuerpo y su misericordia, asimismo, por todas y cada una de las bendiciones. De igual manera por las pruebas y tribulaciones que pasé y sigo pasando. Yo doy Gloria y honra a su nombre porque sé que todo lo que sucede en mi vida es para bien y que todo es un propósito de Él, no me da más de lo que yo pueda soportar. Porque Él está conmigo siempre, Él es el centro de mi vida, mi primer y único amor y tiene el control de la misma.

Ahora mi vida es tan diferente, ahora tengo el fruto que Él ofrece en su Palabra a todo aquel que le recibe en su corazón como su Señor y único Salvador; Él te da paz, amor, misericordia, gozo, templanza, mansedumbre, etcétera y, sobre todo, la obediencia a su Palabra y el amor a mi Señor y a mi prójimo al cual amo como a mí mismo.

Y aun como discípulo, sigo pasando pruebas porque mientras estemos en el mundo tendremos aflicciones en la carne y guerra espiritual, aunque no pertenezco al mundo sigo en la lucha, en la guerra y Dios siempre nos da la victoria, porque Él pelea por ti y por mí, y nos guarda de todo mal.

Éste Es Mi Gran Testimonio

Para poder lograrlo, amados, oré y con la ayuda y Dirección del Altísimo y Todopoderoso, porque sin Él no somos nada... Con Él todo lo podemos lograr así como lo hice yo; me vestí de lino fino y me puse la armadura de Dios y Él transformó mi Vida, limpió mi Alma, sanó mi Cuerpo, renovó mi Mente, fortaleció mi Espíritu y ahora vive en mi Corazón y para siempre, hasta la eternidad. Y también tiene el poder de transformarte a ti como lo hizo conmigo, confía en Él siempre.

Gracias, Señor, porque Tú eres Todopoderoso y tu gran misericordia alcanzó mi vida y transformó todo en abundancia, en gozo, en danza, en alabanza para ti. Me diste una paz que sobrepasa todo entendimiento, me diste la sabiduría, el conocimiento, la dirección y la instrucción que necesitaba para esta gran transformación en la Mente, Corazón, Alma, Espíritu y Cuerpo. Gracias.

¡Y muchas pruebas más seguirán viniendo!

Porque el devorador siempre anda al asecho, él no tiene vacaciones, cuando trabajas más para la obra de Dios, ahí viene más fuerte el ataque y llegó cuando menos lo esperaba. Algo terrible para cualquier padre también me pasó a mí, porque el enemigo de nuestra alma nunca duerme y está listo siempre y cuando uno más le sirve al Señor, entonces viene su ataque, a tratar de desestabilizarte, de causarte daño, porque él anda como león rugiente buscando a quién devorar, pero siempre poniendo la mirada en lo Alto serás más que vencedor. Porque tú y yo todo lo podemos en Cristo que nos fortalece.

Voy a narrarles cómo y cuándo empezaron los problemas de mi tercer hijo, los que fueron sumando eslabones hasta desencadenar una vorágine casi mortal. Esto comenzó con las delicias de la comida y la transformación, pero lo peor, con el consumo de comida no saludable. Y si ahora mi tercer hijo es lo que es, fue porque así le plació a nuestro Señor y Salvador, transformarlo para honra y gloria de Él y para testificar al mundo que con Él todo es posible porque Él hace lo sobrenatural y lo imposible siempre. Él a sus hijos no los avergüenza, y el que se humilla ante Él lo exalta en público.

Esto Sucedió Tiempo Atrás...

Fue parte de lo que les narré al principio, una noche mi exesposo, quien se encargó de criar a mi tercer hijo durante su niñez, lo quiso premiar pero de manera errónea y fue como un dardo en el corazón lo que él me dio, pues eso marcó su mente negligentemente. Sucedió que él lo recompensó con comida, sí, fue una hamburguesa la que lo llevó a comer o a cenar y lo hizo a escondidas de mí y, como si eso fuera poco también le compró una soda, sí una bebida gaseosa con muchísimas calorías y luego, después de eso, un gran helado de chocolate (ice cream). ¿Cómo ven? ¡Qué buena comida, qué deliciosa al paladar!... ¡Pero qué mortal para el cuerpo! Mi tercer hijo únicamente tenía tres años, ¿él qué iba a saber?, ¡si todo había estado delicioso! Y desde su niñez le enseñó así.

Después de aquel pasaje de glotonería tuvo como invitado un espíritu, el de 'la mentira', sí, pues abrió puertas a ese espíritu de mentira porque su padre de crianza le ordenó; '¡no le digas nada a tu mamá!', y obviamente calló y acató eso. Ambos entraron en un tipo de complicidad y así siguieron muchos días y más días, comiendo y comiendo, porque después ya no era nada más en la calle, sino también dentro de la casa pues todos los días llevaba pizza, chocolates, sodas y pastas. Imaginen ustedes, mi tercer hijo tan chico y llevándose a la boca a diario 'comida chatarra', sin ningún valor nutritivo.

Debido a mi trabajo yo me dormía temprano y no veía lo que mi exesposo traía por las noches, pero cierto era que mi tercer hijo lo esperaba para comer y más comer aun cuando ya había cenado. Ya era una costumbre comer de más y así fueron pasando los años, pero ese estilo de vida se convirtió en adicción, porque entre más comía mi tercer hijo, más quería. La comida se volvió su Dios, para él era algo exquisito el sólo pensar en comer y, como consecuencia de la desobediencia todo tiene una recompensa, la suya fue la obesidad, no una gordura pasajera, no, fue obesidad. Imagine usted, llegó a pesar 380 libras. Sí, así como usted lo está leyendo, ¡380 libras! (aproximadamente 172.5 kilos). Era obesidad mórbida y, por supuesto, ya no podía hacer nada, o más bien quería hacer mucho pero no podía. ¿Y saben cuántos años de vida tenía?, ¡únicamente 16! Ya habían transcurrido todos esos años de desobediencia a su templo que es su cuerpo y no se preocupó por cuidarlo.

Recuerdo muy bien que yo le decía: 'por favor, ¿hasta dónde vas a llegar?; ¡por amor a Cristo ya no comas más!'. Sí, yo me enojaba y a veces en medio de mi desánimo le hacía bromas y sepan que muchas, pero cuántas veces lloré a solas sin que nadie me mirara. Y le ponía delante de Dios para que fuera Él quien hablara y tocara su corazón y así dejara de comer tanto. Oraba sin cesar, doblaba rodilla a toda hora para que Dios respondiera a la petición de mi corazón.

Lo que yo ignoraba, era que mi tercer hijo se metía a su cuarto y también lloraba, que sufría y bastante, pero delante de la gente sonreía al igual que yo y cuando le decían y le preguntaban: 'oye, qué rostro tan bello tienes, pero, ¿por qué no bajas de peso?... ¡estás en obesidad!', sufría y mucho. Sin embargo, reía por fuera pero lloraba por dentro porque era una herida profunda la que le lastimaba, la que hacía que en su interior se prometiera: 'pues ahora voy a dejar de comer'. Y parecía que sentía mucha satisfacción al hacerlo, que sentía plenitud y disfrutaba mucho al estar racionando su comida. Pero cuando volvía a su realidad no podía parar, era comer y comer con desesperación, porque su cuerpo le exigía más y más comida.

Muchas veces escuché su llanto, cuando se iba al baño después de comer para vomitar. Yo sabía que si se miraba al espejo y veía su imagen de obesidad volvía a llorar pero, para consolarse, una vez más se comía cinco chocolates y tres vasos de 'ice cream' (nieve, helado), no importaba si hacía calor o frío, comía y comía, si era de día o si era de noche, de cualquier manera lo hacía, no se podía engañar a sí mismo; "comía compulsivamente". Así son esos espíritus de glotonería y ansiedad, créanme que lo sé, yo también lo experimenté en un tiempo, porque cabe mencionar que casi me le unía, ya era una codependiente y lo hacía por solidaridad. Pero también yo subí mucho de peso en ese tiempo.

Inclusive era tanta su ansiedad de comer, que hasta compró un refrigerador propio y en él metía toda la comida chatarra que compraba; pizzas, hamburguesas, papas fritas, sodas, nieve (ice cream), pura comida fabricada o rápida y también comía lo que yo cocinaba, o sea que comía doble, aunque lo que yo cocinaba era comida saludable.

Así transcurrió el tiempo y pasaron los años. Cabe mencionar que para esa época mi exesposo, el padre de crianza, ya se había ido con la otra, él decidió marcharse y durante muchos años no lo volvimos a ver. Pero el mal ya estaba hecho, porque él le enseñó así a mi tercer hijo y empezó a comer y a comer compulsivamente. Y lo hacía conscientemente porque recuerdo que me decía "deja que coma" y él se enojaba conmigo cuando yo no lo permitía. Qué mal herencia le dejó, entre otras más muy mala educación.

De él, después de muchos años nos enteramos por las redes sociales que tuvo seis hijos más, dos de él y cuatro de la mujer con la que se marchó y que ella después lo abandonó y se fue con otro dejándole a él los seis hijos. ¡Vaya sorpresa!, algunos de esos medios hermanos de mis hijos, andan perdidos con un espíritu de confusión y de identidad, así como vicios de drogadicción. Qué pena me dio cuando me enteré de su condición de vida y la de sus otros hijos.

¡Qué ilógico!, él huyó de nosotros y nunca buscó a sus hijos, pero sí fue a mantener y a trabajar por otros que no eran de él y a procrear otros más. De verdad qué falta de sabiduría y entendimiento, abandonó a sus propios sin importarle dejarlos en la adolescencia, cuando más falta les hace el padre a los varones y aún más, dejándole a mi tercer hijo la adicción a la comida. Qué malos sentimientos, ¿verdad? Bueno, a él lo juzgará Dios en su tiempo.

Sin embargo, no nos alegramos de su condición de vida tan miserable, llena de escasez, enfermedad y hasta abandonado, no, al contrario, sus hijos y yo oramos por él y por sus otros hijos para que el Señor le perdone y tenga misericordia de él, que se arrepienta y le reciba como su único Salvador. Seguimos intercediendo para que el Señor conteste la petición de nuestro corazón y sean salvos, él con sus otros hijos únicamente está cosechando lo que sembró, porque las consecuencias siempre llegan. La factura se paga, porque Dios ama al pecador pero no al pecado.

Por otra parte, así continúa esta historia de transformación, sin embargo amados lectores, les digo que mi tercer hijo ya le servía al Señor pero no era obediente en cuidar su templo, se escondía para comer, ocultaba la comida debajo de la cama, en cajones o donde podía para que nadie le viera comer y continuaba con la mentira de su vida y codependencia a la comida, de la cual había hecho su Dios, era una adicción, una delicia y un vicio.

Destruyendo su templo, en desobediencia y rebeldía

Esto que les narro a continuación, antes que aconteciera yo ya lo veía venir, mi tercer hijo se enojaba con todo el mundo, no había podido vencer su adicción a la comida chatarra y obviamente seguía en obesidad. Pero además se sentía bajo presión por nosotros mismos y demás familiares, quienes por el amor que le tenemos queríamos verle saludable. Su carácter se había hecho osco y explotaba ante cualquier comentario que escuchara respecto a su gordura. Se aislaba de las reuniones y ya no quería ir a la iglesia ni a la escuela.

Fue en una ocasión de enojo cuando amenazó con irse de la casa cuando cumpliera su mayoría de edad, la verdad que yo no creí que fuera a decidir eso y que tuviera el valor de dejar familia, techo y sustento, e irse a correr una loca aventura… ¡Pero lo hizo! Eso sucedió el día después que cumplió su mayoría de edad, un día que pasó con nosotros quienes le festejamos su cumpleaños de la manera que acostumbrábamos. Pero ciertamente, yo no esperaba eso.

Regresé a mi casa luego de atender el negocio durante toda la mañana y la tarde, no obstante, me preocupé horas más tarde cuando se acercaba la hora en que acostumbrábamos irnos a acostar, le busqué para orar pero mi tercer hijo no estaba con nosotros. Pensé que debido a su reciente cumpleaños, quizás habría ido al cine con sus amistades para festejar, pero de él ni sus luces. Se fue del hogar sin decir adiós. ¡Qué tragedia!

Qué dolor sintió mi corazón, era mi tercer hijo el más pequeño para mí y nos había abandonado. Ni sus hermanos mayores hicieron eso, ellos salieron del hogar hasta cuando se casaron.

Llamé por teléfono a los familiares de algunos de sus amigos para saber si estaba con ellos, pero todas fueron respuestas negativas; unos habían estado durante el día de su cumpleaños, pero luego se despidieron y cada quien se fue por su lado. Nadie supo darme ni siquiera una esperanza de saber dónde podría estar.

Luego comencé a llamar a mis familiares con la misma intención de saber algo, pero tampoco obtuve nada, nadie le había visto ese día. Asimismo, marqué el número de su teléfono celular pero me tuve que conformar con dejarle mensajes porque no contestó mis llamadas. Oré, lloré, doblé rodilla y me derramé en el Señor.

Pensando que podría regresar a la casa en alguna hora de la noche o muy de madrugada nos fuimos a acostar, pero a la mañana siguiente nuestra inquietud se hizo más apremiante. Entonces fuimos al Departamento de Policía del sitio donde vivíamos para declararle persona extraviada y que así los agentes iniciaran su búsqueda. La persona que nos atendió nos preguntó si acostumbraba faltar a dormir en la casa, le dijimos que no, volvió a preguntar, ahora si alguna vez había proferido su intención de irse de la casa, le dijimos que sí, que lo había hecho. Por último el agente nos preguntó si mi tercer hijo era menor de edad y yo le dije que no, que recién había cumplido su mayoría.

—Señora, creo que la cosa está clara, se fue de su casa por voluntad propia siendo ya mayor de edad. Pero estaremos al pendiente y en cuanto sepamos algo se lo comunicaremos.

A partir de ese momento, día a día, seguimos insistiendo con sus amigos y conocidos para saber de su paradero, pero todo fue inútil, nadie sabía nada. ¡Qué dolor! Fue una prueba más, nunca había salido de la casa, no tenía muchos amigos y no le gustaba la calle.

Yo lloraba, oraba y clamaba al Señor, me parecía imposible no saber por qué había tomado esa decisión; irse al mundo sin dinero, sin trabajo, sin carro porque no manejaba, sin rumbo fijo y aún más, en rebeldía.

Pasaron meses de incertidumbre y dolor sin saber en dónde andaba y con quién, sin experiencia en el mundo había crecido en el Evangelio e ignoraba la maldad de la calle, del mundo. Cabe mencionar que le vi como dos veces y huía, se escondía de mí. Y fue un buen día que me llamó a mi oficina, era cerca del mediodía y me dijo que estaba como en un tipo de secuestro en algún lugar muy peligroso de Los

Angeles, California, por personas que se dedicaban a la venta de drogas al menudeo, agregó que tenía temor por lo que pudiera sucederle y me dio datos concretos para que ubicáramos el sitio donde se encontraba en cautiverio, era el verdadero infierno en la tierra.

Me pidió que me hiciera acompañar de alguien y que acudiéramos esa noche al lugar que me había detallado, intuía que algo iba a pasar y por lo tanto tendría la posibilidad de escapar e irse con nosotros. Se le oía en medio de la angustia y el pánico.

Yo me sobresalté, me angustié también y clamé a Dios. Asimismo, comenté esto a un amigo y él de inmediato aceptó acompañarme. Así que nos reunimos y fuimos en su automóvil al sitio y a la hora que mi tercer hijo nos había indicado. Asimismo yo estaba muy nerviosa y alterada pues no sabía qué iba a pasar, pero me puse en manos de Dios Todopoderoso y me enfrenté a la realidad. Mi corazón se sobresaltaba, sabía que el Señor contestaba la petición de mi corazón de volver a ver a mi tercer hijo después de meses que yo no sabía en dónde estaba. Me embargaba la alegría y una mezcla de sentimientos, por fin le encontraba, gracias a Dios que respondió mi oración.

Después de estacionar su auto, mi amigo apagó las luces de éste para no hacernos notar y luego puso los seguros sellando las puertas, ya que no era un lugar muy seguro donde nos hallábamos y quedamos a la expectativa sin saber realmente qué podría suceder en ese barrio tan feo y solitario. Pude ver espiritualmente que había mucha opresión alrededor, mucha oscuridad y cómo se movía ahí el reino de las tinieblas. Había muchos espíritus: el de muerte, el de depresión y el de adicción, ahí estaba la oscuridad. Yo estuve orando, reprendiendo en el poderoso nombre de Jesús a todas esas huestes y potestades del reino de las tinieblas y ocurrió el milagro.

Horas más tarde notamos que varias patrullas realizaban movimientos alrededor de donde nos encontrábamos y después un nutrido grupo de agentes entró en acción introduciéndose en lo que parecía ser una casa o algo así. Desde donde estábamos estacionados continuamos viendo con interés cómo se desarrollaba el trabajo policiaco. Fue en ese momento en que llegaron unidades policiales más grandes y los agentes iniciaron una redada, se veía mucho movimiento de personas afuera de ese edificio y de repente vimos cómo unos jóvenes corrían por la calle intentando escaparse y muchos eran menores. ¡Qué crueldad!, gente mala que abusa de menores privándolos de su libertad y convirtiéndolos en drogadictos y escoria de la sociedad. ¡Qué pena!, yo viví en carne propia eso con mi tercer hijo. Y eso sucedía en una gran ciudad, en un barrio con casas alrededor, ¿cómo era posible que nadie se diera cuenta y denunciara esos abusos? ¡A qué punto ha llegado la sociedad!

Y observamos que allí había ambulancias, bomberos, mucho movimiento y reconocí a mi tercer hijo, su físico me era tan familiar que no podía equivocarme, mi amigo bajó las ventanillas del auto y comencé a gritarle por su nombre. Se dio cuenta de dónde salían mis gritos y corrió hacia el auto de mi amigo, quien de inmediato quitó los seguros para que pudiera abrir una portezuela y entrar al vehículo, tal y como sucedió. Entonces el auto arrancó y tomamos rumbo a mi casa. Su rostro se veía muy demacrado y el sufrimiento reflejado, sus ojos muy tristes y con la mirada perdida. ¡Qué dolor sentía mi corazón! Lloré y lloré mucho.

¡Qué pesadilla! Mi tercer hijo nos narró que allá los iban a matar y que varios jóvenes habían muerto durante el tiempo que permaneció en el secuestro. Y que eran mujeres y hombres jóvenes los que estaban allí, muchos de los que habían desaparecido, casi unos niños y adolescentes. Qué pecado, qué abuso.

Durante el trayecto hacia mi casa, mi tercer hijo nos relató que gracias a la redada que llevó a cabo la policía, algunos chamacos lograron escapar. Nos confesó que estaban cautivos porque todos ellos se metieron en el mundo de las drogas como consumidores, pero que algunos de ellos, para poder seguir comprando su droga, los ponían a trabajar en las calles como "narcomenudistas" y vejaban sus personas, los maltrataban y los abusaban. Los convierten en guiñapos humanos. Oremos por todos esos jóvenes que caen en manos del enemigo y se pierden en el mundo de las adicciones. Y que creen en las mentiras de esos depredadores, que muchas veces los llevan con engaños y ellos caen.

Sin embargo, aquella confesión me dejó anonadada, no podía creer lo que escuchaba de su boca, pero di gracias a Dios por tenerle allí con nosotros en ese instante y poderle llevar de regreso a casa. Increíble, mi tercer hijo estaba en drogas, algo que jamás pensé que llegaría a suceder porque era una persona de casa y sin amigos de la calle. Inclusive estudiaba en una escuela cristiana. Y muchos de los jóvenes que vimos correr eran menores de edad, niñas y niños, ¡qué pena que en ese espíritu de adicción, drogas y confusión, el enemigo esté operando en estos tiempos! Increíble, pero así trabaja el enemigo de nuestras almas destruyendo y confundiendo a los jóvenes para que anden en la oscuridad y sus almas se pierdan. Entonces le abracé, lloré y agradecí a Dios Todopoderoso por haberle encontrado con vida. Qué bueno es el Señor cuando uno le sirve y ora y clama por sus hijos, Él contesta la oración y petición de tu corazón cuando hay obediencia a su Palabra.

Sigamos orando amados y reprendiendo en el nombre de Jesús a todos esos espíritus que pertenecen al reino de las tinieblas. Y que venga la luz al mundo, que venga tu Reino Señor.

Realmente cuando ya pude ver a mi tercer hijo frente a frente y bajo el alumbrado de mi casa, pude constatar el mal estado en que se encontraba. Desaliñado, con marcadas ojeras en su rostro que denotaban que había sufrido mucho. Mentalmente me pregunté si mi tercer hijo necesitaría ir a un programa de rehabilitación de sustancias tóxicas, pero primero pedí la Dirección Divina y luego le ingresé en un centro de ayuda para adicciones y, para Gloria y Honra de Dios, su vida fue transformada, su mente renovada y su cuerpo cambiado. ¡Increíble!, solamente Dios pudo hacer esa transformación, porque Él es el autor de la vida y el que tiene propósitos para la misma de cada uno de sus amados hijos, porque Él tiene todo el poder de hacer lo imposible posible. ¡Gloria a su nombre!

Después de ese suceso vino la gran transformación

Amados lectores, aquí viene lo mejor, yo soy una nutricionista y consejera en la salud natural certificada, sin embargo, a mi amado retoño no pude ayudarle en su alimentación. Bien dicen: "En la casa del herrero se hacen puertas de madera", o sea, la Palabra dice que nadie es profeta en su propia tierra. Yo clamaba, oraba y ayunaba, también hacía peticiones y pactos con Él. A cada momento le pedía que, por favor, mi tercer hijo dejara de comer lo que tanto daño le hacía y le engordaba. Porque cabe mencionar que en mis programas de radio y televisión cambié y sigo cambiando a miles de personas de sus malos hábitos en su alimentación y su estilo de vida. Tengo 37 años en la nutrición dando consejos y he escrito varios libros sobre nutrición y salud, pero yo me sentía mal ante miles de personas que me conocían a través de los medios de comunicación y con asombro me preguntaban: ¿Doctora, es su familiar? Obviamente con tanto amor de madre yo les contestaba: '¡Sí, es mi tesoro!'. Porque nunca me avergoncé de ninguno de mis hijos, yo los amo porque conozco la Palabra de Dios y sabía que en su tiempo Él le daría la sabiduría, sería para glorificar siempre su nombre y vendría el cambio y la transformación, como lo ha hecho hoy en día y su vida es diferente.

Entonces, con esa sabiduría que viene de lo Alto dije: "Por el poder de Dios, mi tercer hijo va a ser transformado en el nombre de Jesús". Y un día en oración, después de nuestro devocional, con lágrimas en mis ojos, le dije: 'Te amo, empecemos por favor, tenemos que poner una solución, un cambio, una gran transformación en ti. ¿Estás de acuerdo en hacerlo?'. Cabe mencionar que esto ocurrió después de su rescate y que volvió a casa así como el hijo pródigo.

Y, sin saber en la que se metía, mi tercer hijo me contestó: 'Sí mamá, yo estoy en disposición de bajar de peso, de sentirme mejor, de ponerme ropa que me guste'. Era muy joven y yo tenía revoloteando dentro de mi cabeza una genial idea, dada mi experiencia en la salud y nutrición sabía que lo podía hacer con la ayuda de Dios Todopoderoso.

Primero, una gran transformación como lo había hecho con tanta gente a lo largo de mi carrera. Mi tercer hijo dijo que sí, que se sometería a una nutrición y a una dieta saludable y sana, incluyendo un buen ejercicio. Pero era demasiado pedir, en su mente estaban tatuadas algunas frases por demás aberrantes: 'Tú come, come y come rico, sabroso y lo que quieras. Qué importa lo que piensen los demás. Tú te ves bien. Dios te ama así'. Porque el enemigo de nuestras almas nos engaña en la mente y nos hace creer que aunque no cuidemos nuestro templo nos vemos bien, pero eso no es cierto, miente, miente siempre.

Claro que Dios nos ama así como somos o estamos; gorditos, morenitos, bajitos, güeritos, flaquitos, bien o mal parecidos, etcétera, y además ante Él todos valemos lo mismo porque nos ama, porque Él no hace acepción de personas, Él ve el corazón no el físico, sin embargo, tenemos que ser diligentes no negligentes. La Palabra de Dios dice que cuidemos nuestro templo porque es donde mora su Santo Espíritu y todos, por salud, debemos amar nuestro cuerpo y cuidarlo con buena alimentación en espíritu, mente, alma y cuerpo. Debemos alimentarnos bien para servirle mejor y tener una vida saludable.

Así avanzaba el tiempo y sucedió que a una amiga de mi tercer hijo, también con sobrepeso, se le ocurrió la gran idea de ir con un doctor alópata (medicina convencional), el cual hace cirugías bariátricas (coloca una banda en el estómago) porque, según él, así se facilita bajar de peso y sin dejar de comer o comer menos. Falsa esperanza, rara vez funciona, pero además los afectados dejan de absorber muchos nutrientes en su sistema y la mayoría de las veces sobrevienen efectos secundarios.

La falsedad de hacer cosas fuera del Orden Divino

Aquello le llamó la atención a mi tercer hijo y estuvo muy al pendiente de lo que pasara con su amiga. Obvio, de ver buenos resultados en ella ya no se sometería a un programa de nutrición, en este caso el mío, y haría que le colocaran "la banda", igual que lo había hecho su amiga, el amarre de estómago (baipás gástrico) sería lo óptimo. ¡Ah!, y creía que seguiría comiendo igual, rico y delicioso, hasta saciarse. Pero lo cierto fue que renunció a la buena salud, a la nutrición y al buen comer.

No quiso someterse a una disciplina de alimentación, consiguió un préstamo y yo misma colaboré en esa idea, ¿para qué creen?, exacto, ¡para hacerse "la operación de la banda gástrica"!, sí, el amarre de estómago y ¡wow!, en el primer mes bajó 10 libras y ya para los seis restantes había perdido 40. Excelente, comía menos pero de lo mismo; pizzas, hamburguesas, nieve (ice cream), chocolates, pan y café, como lo leen, pero así se sentía feliz. Sin embargo, yo estaba preocupada y más porque yo había contribuido en su empecinamiento de hacerlo, porque por mi experiencia sabía que eso no funcionaría si no cambiaba sus hábitos, costumbres y dejaba sus antojos y la mala nutrición que estaba llevando. Pero ¿qué creen ustedes que sucedió?…Que vinieron las consecuencias a su desobediencia de no cuidar su templo (su cuerpo). ¡Y la banda no le funcionó!

Tan cara que le costó esa cirugía (invirtió mucho dinero), pero lo único que le provocó ese aditamento (la banda) fue que vomitara más de lo que ya lo hacía antes, casi llegó a la bulimia, trastorno alimenticio y defensas muy bajas. Yo me di cuenta porque vi que su hemoglobina, sus glóbulos rojos y plaquetas bajas, cada vez iban de mal en peor; pero comía y se llenaba rápido porque ya tenía menos espacio, pero además vomitaba y luego volvía a comer. Espantoso, su cuarto y el baño olían mal, a vómito. Seguía en la desobediencia a su templo, hasta que un día llegó la disciplina, sí, porque nuestro Amado Padre Celestial al que ama disciplina y llegaron las consecuencias. Ya era mucha desobediencia y negligencia de su parte en su alimentación y desorden.

Y sí, un mal día se rompió la banda dentro de su cuerpo, además de eso ya le había provocado una úlcera gástrica y posiblemente hasta una hernia hiatal. ¡Wow!, eso pensé porque de emergencia se la tuvieron que extraer, otro costo más y otro trauma más en su vida porque aparte de su obesidad pueden surgir enfermedades que se derivan de ello; que la tiroides empieza a fallar, que la glucosa se sube, que la presión se baja, que el colesterol aumenta y que los triglicéridos se elevan. Obviamente son muchos los riesgos que se corren por una mala decisión y una mala nutrición. Gracias a Dios que en su persona no sucedió todo eso, pero por su hemoglobina tan baja estuvo a punto de sufrir leucemia, algo más malo todavía.

Pero uno dice: 'Si eso sucede voy al doctor, me da unas pastillitas y ¡listo!'. Bueno, hasta cierto punto así fue, lo de la banda medio le ayudó pero le trajo efectos secundarios. Pero en fin, por el momento se sintió bien y así continuó su batalla, la guerra contra la obesidad sumada a su desobediencia de no cuidar su templo y comer desmedidamente y sin control, un desorden alimenticio fatal.

Después de retirada la banda que se rompió dentro de su cuerpo y la cual pudo haberle causando lesiones en el intestino, que gracias a Dios no fue así, vino una etapa de recuperación, de meditación, de arrepentimiento y de pedir perdón a Dios por la rebeldía en su vida y la desobediencia a su templo.

Nuevamente estaba feliz, otra vez podía comer de todo y sin vomitar, qué dicha y qué satisfacción, era la zona de confort donde quería estar…

Pero no era feliz y decidió rendirse, primero le pidió perdón a Dios por no haber cuidado su cuerpo, este templo que Él le había dado y al cual debe cuidar para honrar y gloriar su santo nombre. Porque Él nos da el entendimiento para hacerlo.

¡Ah! Pero que llega el Gran Yo Soy, el que todo lo puede, el que todo lo ve y para el que todo es posible; el Rey de reyes, Señor de señores y Doctor de doctores. Entonces Él…

Transformó su Mente	Decidió poner
Transformó su Vida	su cuerpo en
Transformó su Cuerpo	servidumbre.
Tocó su Alma	¡Aleluya!
Le dio entendimiento	
Sanó su Corazón	
Le dio sabiduría	
Así como confortó su espíritu.	
7 estrellas le dio. El número perfecto del Señor. Amén.	

Porque con Él todo es posible, si Él está contigo nadie contra ti.

Gracias Señor por tu cuidado y misericordia

Alabado sea su precioso nombre, el Señor le dio fortaleza porque oré, ayuné y pedí perdón. También mi tercer hijo oró, ayunó y se arrepintió y pidió Dirección Divina y el Señor se glorificó en su vida, Él vino a cambiar su estilo de vida transformándole de pies a cabeza, de adentro hacia afuera y le puso en disciplina. Se sometió a mi autoridad y los conocimientos que tengo, los dones y talentos que el Señor me ha dado, ese precioso ministerio de salud y por el cual hay miles de testimonios para glorificar y honrar el nombre de Dios, porque han recibido su sanidad por su obediencia, al igual que mi tercer hijo. Entonces inició con la nutrición durante los 7 días de la semana, comiendo saludable seis veces en pequeñas porciones, del tamaño de su mano; comida saludable, incluyendo frutas y verduras, tomando agua, durmiendo mínimo 8 horas diarias y meditar en la Palabra todos los días de su vida. Así como consumir fibra y proteínas y, por supuesto, haciendo ejercicio. Hasta hoy todos los días camina sin zapatos sobre el pasto, porque eso trae electrones a su cuerpo y le da energía; porque sabemos perfectamente que fuimos formados del polvo de la tierra y de ahí que en nuestra verdadera alimentación recordemos el Ayuno de Daniel, que fue muy efectivo, y sobre todo su obediencia y fidelidad a Dios, porque decidió no contaminarse. Del mismo modo debemos aprender nosotros a obedecer y a imitar a Daniel, y proponernos no contaminar nuestro templo y día a día santificarnos más y a vivir en obediencia, disciplina y una buena alimentación.

Y su nuevo cambio en su estilo de vida le llevó a reflexionar sobre su pasado, "¿Perder valió la pena?", obviamente no se trataba de las libras o kilos que había perdido. No, esto era más profundo… ¿De cuántas cosas me he perdido?, se preguntó y luego respondió a sí mismo. "El Señor me ha sacado de la oscuridad a la luz".

Ahora luce como si fuera una persona diferente totalmente, un gran cambio y fue de dentro hacia fuera.

¿Valió la pena perder?

He aquí el testimonio de mi tercer hijo que dice:

–Perdí asistir a un Ministerio al cual tuve llamado.

–Perdí parte de mi vida familiar porque, para que no me molestaran o criticaran, me fui alejando de todos sólo para seguir comiendo a mi antojo y a escondidas.

–Perdí amistades, amigas y amigos, quienes a la primera insinuación que hacían referente a mi físico, ya los veía como enemigos que conspiraban en mi contra.

–Perdí la oportunidad de convivir con jóvenes y amigas de mi edad y divertirme con ellas y ellos, ya que me fui aislando, dejando a un lado las cosas bonitas que se pueden vivir en la niñez, en la adolescencia o en la juventud.

–Perdí las posibilidades de ir a los grandes almacenes, a los mall, para escoger y comprarme ropa que me gustaba pero no me quedaba, nunca había tallas para mí. Sí, ¡porque yo me rechazaba!, creo que vivía con temor al sólo pensar que si me iba a probar (medir) alguna prenda ésta no me iba a quedar o que serían tallas (size) especiales.

-Perdí mi autoestima, ni siquiera tenía en claro quién era yo, carecía de identidad y personalidad propias. En aquellos momentos críticos me sentía de lo más miserable y mentalmente tenía luchas internas entre el ser que era y el que se rebelaba por no seguir siendo.

-Perdí todas las cosas antes expuestas, pero además puse en riesgo mi salud y mi vida. Porque tengo que confiarles que debido a mi condición anterior, a la obesidad, tuve secuelas físicas; cuando estaba en obesidad comía y comía pensando que me estaba alimentando, pero la verdad es que ignoraba que tanta comida chatarra que entraba por mi boca me produciría tantos males. La cuestión fue que con el paso del tiempo me vino una gran descompensación, un desgano extremo, un enorme cansancio, unas reacciones de enojo, una sensación de frustración inexplicable; en síntesis, me atacó una anemia crónica que me llevó a estar en el hospital durante diez días. Porque obviamente aquello no me nutría, me llenaba pero no me alimentaba y además tomaba bebidas "energéticas", las cuales trajeron efectos secundarios a mi cuerpo y a mi salud.

En ese lapso que estuve tan cerca de contraer leucemia, como lo mencionó antes mi mami, las opiniones de los médicos fueron alarmantes, que si me hacían una cirugía a corazón abierto, que si me colocaban un "bypass". Gracias a Dios nada de eso sucedió, pero sí me vi bastante mal. Una vez más el Señor tuvo misericordia de mí, porque Él tenía propósitos en mi vida, que yo le sirviera y sobre todo que fuera obediente a cuidar mi templo, a nutrir mi cuerpo y alimentar mi espíritu.

En mi cama de hospital meditaba y vi el rostro desencajado de mi madre por los desvelos que tuvo acompañándome durante noches, estaba cansada y pálida tratando de ocultar su preocupación. Me sentí culpable de provocar esa situación, pero también recordé que desde antes, mientras que ella trataba de convencerme a cambiar mi estilo de vida, ya mostraba signos de desánimo, ella, que es y siempre ha sido una guerrera, la veía desanimada y muy preocupada por mi salud. Porque por la sabiduría que le ha dado el Señor y su experiencia en la salud natural, ella ya sabía lo que más tarde vendría como consecuencia a la desobediencia de no cuidar mi alimentación y descuidar mi templo.

Cabe mencionar que en el pasado mi mami casi se unía a mí, hubo un tiempo en la vida de ella que también se puso en sobrepeso y bastante sobrepeso, no obesidad como la mía, pero sí bastante sobrepeso. Más tarde descubrí que eso fue porque se estaba uniendo a mi obesidad, pues ella no quería que yo me sintiera tan mal o inconscientemente se estaba uniendo a mí con codependencia. Pero un día me confesó que inconscientemente ella también estaba subiendo mucho en su peso quizá por su preocupación por mí o el cambio de vida. ¡Qué sé yo! Pero ella se puso en disciplina de nutrición y bajó mucho de peso y me puso la muestra que sí se puede y yo seguí su ejemplo.

Le pedí perdón a Dios por las penas que le había causado a mi madre, a mis hermanos, a mis familiares y a mis amigos, y me puse en sus manos dejando que se hiciera la voluntad de Él, no la mía.

Todo lo bueno, todo lo agradable a Dios, todo lo que está escrito ahí en su Palabra; nada más escudriña la Escritura y encuentra allí tu salud, tu descanso y sabrás el propósito por el cual el Señor te creó, te formó, te eligió y te llamó, al igual que a mí, a servirle y a ser un buen discípulo de Cristo, un verdadero embajador y digno representante de Él. Y saber que Él es el Dios de los imposibles.

Ahora, gracias a Dios hay un cambio, sé que no es fácil aprender a conocer bien algunos conceptos positivos, pero no es difícil aprender a obedecer a las personas que el Señor pone en tu camino para ayudarte. Saber reconocer cuando alguien quiere apoyarte, en primer lugar déjate guiar por la Instrucción Divina y luego por los siervos y ángeles que el Señor mande a tu vida. Confía que Él, si los manda, ya les dio la sabiduría y el conocimiento para que tú lo recibas de parte de Él.

Después de haber pesado 380 libras (unos 172.5 kilos) antes, hoy peso 172 libras (unos 78 kilos, porque soy alta) y tengo mucho agradecimiento con mi Amado Padre Celestial porque Él cuida de mí hasta el último día de mi vida, dice su Palabra, y hasta la eternidad Él estará conmigo. Sé que el Señor ha usado tanto a mi madre en su ministerio como en su conocimiento de salud transformando vidas, cambiando estilos de vida y aconsejando respecto a una mejor salud, nutrición y alimentación.

Asimismo, ella ha ministrado la vida de tanta gente en muchos países con los libros que el Señor le ha permitido escribir y con el talento, conocimiento y discernimiento espiritual que Él le da, porque a Él le place darle esos talentos a su sierva, su hija adoptada y amada, su princesa elegida.

Y así como lo hizo conmigo lo ha hecho con miles de personas. Gracias mamá por tus oraciones, por doblar rodilla, por ser una guerrera y por no rendirte, por estar siempre conmigo hasta la gran transformación que mi Señor y mi Salvador, Jesucristo, ha hecho en mi vida. Doy gracias por tu vida, mi mejor amiga, mi mamá, bendiciones, es una princesa del Señor.

Y ahora amados lectores, después de 3 años de disciplina en mi alimentación, me siento con la capacidad para que más adelante les dé algunos consejos, en un libro que estoy escribiendo con mi testimonio, para que ustedes también aprendan a llevar una vida saludable y un buen peso en su cuerpo, así como un templo limpio donde mora el Santo Espíritu de Dios. Eso es agradable a Él.

Debo aclarar que en los primeros diez días de mi desintoxicación parecía que me iba a morir de hambre, pero con oración y fortaleza por parte de Dios todo se puede y así fue; los primeros tres días empecé a comer solamente yogurt sin sabor y a tomar mucha agua, y por supuesto; vitaminas, minerales y aminoácidos. Fue un magnífico ayuno, porque de inmediato mi hígado empezó a funcionar perfectamente. Con este ayuno, desintoxicación y purificación de todo mi cuerpo, bajé 7 libras en los primeros tres días. Por supuesto, bajo la dirección de mi doctor y los suplementos naturales que me dio mi mamá para poder desintoxicar y nutrir mi cuerpo.

Un ejercicio excelente fue cuando me acordaba de la comida, entonces tomaba agua y más agua, frutas y verduras, y así me olvidaba de ella. Bueno, en realidad no tenía hambre, únicamente que en mi mente estaba tatuado el hecho de comer por comer, pero para Dios todo es posible porque, amados, después de este bendito ayuno proseguí con jugos naturales de frutas, verduras y granos.

Más adelante les diré cómo comenzar día a día hasta llegar a su meta deseada, en el libro que escribí.

Empecé a consumir granos como mijo, soya, arroz integral, amaranto, quínoa, frijol, garbanzo, nueces, almendras, etcétera. Y continué, luego integré a mis comidas vegetales, fibras y mucha agua alcalina o destilada… ¿Y qué creen? ¡Que en 30 días había perdido

10 libras!... ¡Wow!, excelente, cuando uno se pone en las manos de Dios todo es posible, Él actúa en la vida de cada persona, porque Él verdaderamente nos transforma totalmente. Es increíble pero con disciplina, con una gran fe y esperanza en Él de estar saludable, me sometí a la Autoridad y aprendí a comer, a estar feliz y saludable, y a sentirme mejor sin culpabilidad de comer; al contrario, agradecer por mis alimentos y disfrutarlos, pero ahora saludables.

Vale mencionar que usted mismo puede hacer alcalina su agua; a un vaso con agua póngale diez gotas de jugo de limón y tómelo por la mañana al levantarse y lo mismo al acostarse. ¡Es excelente y va a alcalinizar su cuerpo!

Créanme que es muy pero muy deliciosa, la comida que sí nutre. Ahora como hamburguesas, tacos, quesadillas, albóndigas (meat balls) y Fettuccine Alfredo, pero preparados con carne de soya y verduras. Asimismo, chiles rellenos, enchiladas, 'chicken nuggets', pero también de carne de soya. La soya es deliciosa y una de las mejores leguminosas, es muy alta en proteínas y cero toxinas, para mí es el alimento del futuro porque de ella se obtienen la carne, el frijol, el queso, la mantequilla, la leche, la mayonesa, el aceite y se pueden hacer deliciosos postres. Claro, también como pollo, salmón, pescado de río, atún fresco, codorniz, quínoa, amaranto, frijol, garbanzos, habas, arroz integral, otros granos, frutas y verduras.

Aprendí a cocinar la soya mediante un libro que escribió mi mami, se llama Las Maravillas de la Carne de Soya (100 Exquisitas recetas de carne de soya). Ahora me gozo, cada día descubro nuevas recetas muy deliciosas y saludables que yo, ni por equivocación, hubiese comido antes. Pero éstas nuevas son riquísimas, saludables y me mantienen muy bien y con mucha energía. Tomo agua de frutas, alcalina o destilada, así como jugos frescos y orgánicos.

Hasta mi carácter ha cambiado, yo recuerdo cómo años atrás me sentía de mal humor, mi estado de ánimo estaba alterado; estaba en desbalance hormonal, hasta la piel me había cambiado, me sentía con mucho cansancio y lo peor de todo; no me agradaba cómo veía. ¡No me quedaba nada de la ropa que me gustaba! Ya ni podía dormir, tenía insomnio... Bueno, amados lectores, ¿qué no pasé durante toda esa batalla?, en esa 'carrera de la comida'. Fueron muchas luchas empezando por la comida y luego caí en las drogas por deficiencias nutricionales. Pero eso fue en el pasado y ahora digo: "Gracias Señor por mi transformación".

Eso dice mi tercer hijo, muy agradecido con Él, porque el Señor borró todo su pasado y no le quedó ninguna secuela. ¡Gloria a Dios!

Gracias amado Padre Celestial, dice la Doctora Mary Escamilla, por la transformación de mi tercer hijo. Para ti es toda la Gloria, la Honra y el Poder. Porque siempre Tú haces lo imposible en tus hijos amados, oyes y respondes a las peticiones y los anhelos de su corazón.

Continúa Mi Testimonio

Un abuso de confianza más

Aunque ya tenía comunión con Jesús y vivía en mi corazón, Él es mi primer amor, sigue siendo y lo será siempre, hubo en mi vida otro episodio aparentemente dañino pero que en realidad terminó por afianzar mi entrega al Todopoderoso y rendirme completamente a Él y perdonar a mis deudores, agresores y abusadores.

Sucede que muchas veces la misma gente que te rodea te provoca un tropiezo. Eso pudo ser por envidia o simplemente porque ven luz en ti, que esas personas no tienen, por tener un corazón lleno de maldad y estar viviendo una vida de traiciones y miseria desde espiritual, hasta moral y económicamente, por eso les da coraje y celos, he ahí que viene ese espíritu de Caín, ver que alguien prospera y le va bien, por lo que tratan de ser tropiezo en su vida espiritual y aunque se llamen cristianos muchas veces no lo son, son falsos testigos del Evangelio, lobos rapaces disfrazados de ovejas y tú les crees, así como lo hice yo y creí nuevamente.

En ese tiempo convivía con personas de mi misma congregación y quienes profesábamos la misma fe, una de ellas había sido mi amiga por más de quince años y llevábamos una amistad sincera, bueno, eso creía yo, ella a su vez también tenía una amiga que para mí sólo era 'conocida' pues la había visto en pocas ocasiones.

Sin embargo, a la que yo consideraba mi amiga y hermana en la fe, llegó un día a mi casa acompañada de aquella mujer a la cual se le veía estar atravesando por una gran pena, los gestos en su rostro y sus ojos llorosos rematados por profundas ojeras así lo denotaban.

Pues bien, mi 'Cristina' amiga comenzó a conversar conmigo y a la vez abogar por su apesadumbrada acompañante, empezó por decirme que el esposo de Elisa se hallaba recluido en una cárcel acusado de no sé cuál delito, la situación era que el hombre estaba privado de su libertad injustamente, según afirmaban ellas, razón por la cual ella necesitaba dinero para pagar al abogado defensor y así éste consiguiera poner en libertad a su esposo. Elisa lloraba sin parar y yo sentí compasión por ella.

La petición de ambas coincidía en el mismo punto, me pedían que le prestara a Elisa la cantidad de quince mil dólares para que ella intentara sacar de la cárcel a su marido. Yo les dije que no les podía prestar esa cantidad porque mis gastos no me lo permitían, debía pagar la renta de mi local comercial y la de mi casa, abastecimiento de mi negocio, pagos de energía eléctrica, agua, gas y otros inherentes al sostenimiento de mi familia. Y porque además no los tenía en ese momento.

Fue tanto lo que ambas me suplicaron, sus visitas diarias en las que mi 'Cristina' amiga me decía "que ella respondía por Elisa a quien conocía de muchos años atrás, que le prestara el dinero que ella necesitaba para solucionar su problema". También veía cómo sufría y lloraba aquella mujer cuyo esposo estaba confinado en una cárcel y sentí pena por ella. Fueron situaciones que me llevaron a tomar una mala decisión, abrir una línea de crédito para que yo pudiera disponer del dinero y se lo prestara a Elisa "para que solucionara su problema", a lo cual accedí.

En realidad no había motivo personal para solicitar aquella línea de crédito, porque simple y sencillamente yo cubría mis gastos mensuales con la justa, pero gracias a Dios quien siempre me proveía y me prosperaba. Pero fue la nobleza de mi corazón y la misericordia o por emoción, sin pedir Dirección Divina me convenció de hacerlo y finalmente pude prestarle esa cantidad a la afligida Elisa, obviamente con el préstamo que el banco me hizo a mí.

A pesar que Elisa no era amiga mía sino sólo una conocida, le facilité ese dinero mientras que ella prometía pagarme mes a mes los abonos que yo debía depositar en el banco para ir solventando aquella línea de crédito.

Sin embargo no fue así, pasaron un mes, dos, tres y de repente Elisa dejó de responder a mis llamadas telefónicas, no la podía encontrar por ningún lado y tuve que ir a pedirle a 'mi amiga' me dijera cómo o en dónde podía hallarla, porque a mí el banco no dejaba de recordarme que debía hacer pagos para cubrir la deuda que yo había contraído con ellos, una situación que además estaba dañando mi crédito, mi buen historial de crédito, y mi relación con esa institución bancaria con la cual había mantenido por muchos años un buen récord.

La confronté a ella, quien tanto había abogado por Elisa hasta lograr que yo le consiguiera el dinero, pero quien ahora ignoraba mis llamados telefónicos y que ni siquiera me buscaba para escuchar de su boca el motivo por el cual no me había dado ningún abono.

Muy molesta y airada, mi 'Cristiana' amiga, quien para colmo es Dolores, ¡qué dolores de cabeza me trajo! —y aun así decía que era cristiana— se hacía la loca, ya no me hablaba ni me contestaba si yo le llamaba, parecía que no entendía lo que pasaba. Pero la Palabra del Señor dice que por sus frutos los conocerás. El buen árbol da un buen fruto, asimismo dice; prueba los espíritus si son míos. Bueno, Dolores me dijo que yo estaba equivocada en la manera como catalogaba a Elisa, que ella la conocía desde hacía mucho tiempo, que sabía de su rectitud y que estaba segura que no me fallaría, que sí me pagaría el préstamo. ¡Vaya!, defendió a Elisa con mucho entusiasmo, como si de verdad fuera una persona honesta, pero la verdad que ambas eran igual de irresponsables. Sin embargo, a la vez me dejó entrever que ya había dudas en ella referente a que 'su amiga' sí cumpliera con pagar el compromiso que había contraído conmigo y yo con el banco. Con ese peso encima de mí, varias cosas pasaron a raíz de eso; se desequilibró mi estabilidad, mi economía, e incluso emocionalmente me sentía deprimida, porque sin tener la necesidad de pasar por todo ese proceso y sólo por hacer un favor.

¡Qué pesadilla! Y todo por no seguir la Instrucción Divina, caí una vez más por la emoción de ayudar a otros. Hasta ahí no entendía que por mis propias fuerzas yo no iba a poder ayudar a nadie, porque yo no soy Dios, es Él quien va a ayudarme a mí y a todas las personas que necesiten de Él.

Pero aun así yo siempre he puesto mi mirada en el Señor Jesucristo y Él me ha devuelto todo lo que algunas personas, incluida ésta, me robaron. Él me lo ha regresado al ciento por uno, porque Él cumple sus promesas siempre y provee a sus hijos lo que necesitan.

Al mismo tiempo, esa presión que yo ejercí sobre 'mi amiga' tuvo como resultado que Elisa diera la cara, que me buscara ahí mismo, justo en donde se había originado todo aquello, para ofrecerme un trato conciliatorio, aunque no definitorio, por medio de la promesa de entregarme "los papeles de su casa" que estaba ubicada en Tijuana, Baja California, todos debidamente certificados ante el Consulado General de México en Los Ángeles, California, para que yo pudiera vender aquella propiedad y de esa forma recuperar el dinero para devolverlo al banco". Cosa que efectivamente hizo, pero ese no había sido el trato y, sin embargo, acepté.

¡Vaya!, pero ahora mi situación estaba peor, mi crédito estaba dañado, no había recibido ni un centavo en efectivo para abonar al banco, pero además tendría que encontrar la forma de vender una propiedad que ni siquiera conocía. Eso significaba que yo debía dedicarle mi tiempo y esfuerzo a realizar una labor que no tenía contemplada, mientras que Elisa de hecho "se había quitado de encima una deuda de quince mil dólares" ya que, potencialmente, me había liquidado aquella cantidad por medio de un documento certificado según ella, pero se escondía otra mentira.

Y en cuanto tuve la oportunidad de ir a Tijuana viajé para allá con la intención de conocer aquella casa, pues de esa manera ya tendría más información para poderla vender. Así que llegué, me dirigí a la colonia en donde estaba ubicada esa propiedad y me dediqué a buscar la dirección que aparecía en los papeles que Elisa me había dado.

Comencé con la búsqueda de la casa, estaba yo parada en la calle correcta pero no hallaba el número en que ésta debía estar. Caminé por buen rato yendo hacia uno y otro lado, hasta que se me ocurrió meterme en una miscelánea (tiendita) para preguntarle a alguien que me pudiera informar respecto a la propiedad que buscaba.

Pregunté a una jovencita que atendía a la clientela de la miscelánea y ella no supo darme ninguna respuesta, luego apareció la dueña del negocio y le hice a ella la misma pregunta, mostrándole además el papel que llevaba conmigo. La mujer me dijo que la dirección estaba correcta, pero se sorprendió al ver el nombre de quien aparecía como propietaria y me dio muy malas referencias de Elisa. Sin embargo, yo siempre lo pongo en manos de Dios y Él en su perfecto tiempo hace justicia cuando a Él le place y paga a cada persona de acuerdo a sus obras.

Entonces la mujer exclamó.

—Mmm. Sí, ya sé de quién se trata, conozco muy bien a 'esa transa' (persona deshonesta). Mire, ese terreno está enfrente de una propiedad con tales características.

—¿Terreno? —le pregunté— A mí me dijeron que se trata de una casa".

—Sí, terreno, en ese sitio nunca ha habido ninguna casa. Aseguró mi informante de manera tajante y por cierto muy molesta.

Entonces caminé otra vez y me dirigí hacia el sitio que me había detallado la dueña de la tiendita y sí, lo que hallé allí fue un terreno baldío que además ¡usaban como basurero! ¡Sí, esa era la famosa "casa con la cual Elisa me había pagado su deuda"! Cabe mencionar que esto sucedió mucho tiempo atrás y se trataba de bastante dinero en esa época.

Regresé a Estados Unidos, busqué a 'mi amiga' y le relaté la odisea que viví para hallar "la casa basurero", le dije que Elisa era una mentirosa y fraudulenta mujer quien me "había dado gato por liebre" (me había engañado) con una propiedad que no valía lo que yo le había prestado, porque era un terreno baldío y sin construcción.

¡Ah!, pero 'mi amiga' nuevamente se puso del lado de 'su amiga' y me repitió que yo la estaba juzgando mal, que Elisa no sería capaz de defraudarme de tal manera. Le dije, 'tú debes saber en dónde se encuentra ella, por favor dime cómo hallarla'. Ella me respondió que buscaría la forma de hacerlo y me llamaría para darme su dirección o su número telefónico.

Pasaron varios días y 'mi amiga' la cristiana, se comunicó conmigo y me dijo que no había podido dar con el paradero de Elisa. Pero que lo seguiría intentando.

No obstante, yo olvidé ese pasaje ocurrido en mi vida y se lo dejé a Dios, por muchos años no volví a ver a mi amiga, me alejé de ella por mentirosa y deshonesta, cosa que a ella obviamente no le importó, porque alguien me dijo que, de ese dinero, Elisa le había dado cinco mil dólares a ella.

En fin, yo me dediqué a trabajar, a seguir adelante siempre haciendo el bien sin mirar a quien y seguí pagando los impuestos de aquel terreno de Tijuana y le di mantenimiento durante 15 años más porque estaba a mi nombre y porque soy siempre cumplida con mis compromisos y con las leyes que el Señor dejó aquí en la tierra para respetarlas y someternos a ellas, así como también a las autoridades.

Yo esperaba que algún día pudiera donar ese terreno e iniciar una obra para construir una iglesia cristiana en ese hermoso país como es México, por eso lo conservé y pagué impuestos siempre. Inclusive le comenté a un pastor la intención de mi corazón de donar ese terreno para la construcción de un templo, lo cual le pareció muy bien, pero ese hermano se quedó esperando porque esta señora Lomas volvió a hacer de las suyas. Que el Señor tenga misericordia de ella. Y yo oro mucho por ella para que Dios le dé entendimiento y le quite la venda de los ojos para que pueda ver que hace cosas no agradables a Él.

¡Ah!, pero para sorpresa mía y de todos, al cumplir 16 años de pagar esos impuestos prediales año a año, el día que fui a pagarlos me encontré con que ya estaban pagados, obviamente me sorprendí y pregunté quién los había pagado. Así me enteré que Elisa ya había vendido ese terreno a alguien más, del cual yo tengo los documentos que me acreditan como dueña, pero ella falsificó esos papeles y lo volvió a vender. Imaginen ustedes, de que hay gente sinvergüenza, abusadora, ¡vaya que sí la hay! Pero ella tendrá su juicio en el tiempo de Dios, yo todo se lo dejo a Él… Ni hablar, ella volvió a engañar a quien más le ayudó en el momento que más lo necesitó, quien dejó pasar mucho tiempo para volver a cometer otro fraude.

No obstante, me reencontré con 'mi amiga' y le pregunté qué sabía de Elisa o de su esposo (el de Elisa) y ella me contó que él ya había salido de la cárcel, que se habían divorciado y cada uno había tomado caminos distintos. Le pedí entonces que me dijera cómo podía comunicarme con Carlos, el exesposo de Elisa el cual permanecía aquí en Estados Unidos, quizás él a su vez podría ponerme en contacto con ella, porque ella vive en México, puesto que aún mantenían un vínculo en común, que eran los cuatro o cinco hijos que habían procreado entre ambos.

Transcurrieron otros días, 'mi amiga' me llamó y me dio un número telefónico para que me comunicara con el exmarido de Elisa; así que le llamé, pero él negó saber en dónde se hallaba ella y cortó la comunicación de golpe, de forma grosera, insultante, ¡vaya, hasta amenazante!

¿Qué les parece, amados lectores? Elisa y su esposo "eran tal para cual, ambos cortados con la misma tijera", gente sin escrúpulos, mentirosos y cómplices, faltos de educación y de integridad moral.

Al igual que mi amiga o supuesta hermana (cristiana) quien continúa con sus mentiras pues ahora, después que han pasado tantos años y la confronté, dice que ella no se acuerda de nada, que se le olvidó que ella llevó a mi casa a 'su amiga Elisa'. Imagine usted amado, eso es por tener amigas que son un yugo desigual, porque aunque ella se dice cristiana, hace muchas cosas del mundo que no son agradables al Señor, por ejemplo, que "se enredó" con un hombre casado y tuvo una hija con él, pero además dice que está esperando que se muera la esposa del hombre, para poder ella casarse con él y dice que ojalá sea pronto porque ya esperó mucho. ¡Wow! Yo no la juzgo, yo oro por ella y que el Señor tenga misericordia, porque los mentirosos, ladrones, fornicarios, adúlteros, etc., no heredarán ni entrarán al Reino. Eso dice la Palabra y yo les he perdonado. A todos ellos los dejo en manos del Señor, Él es el justo juez y el mejor abogado porque nunca ha perdido un caso.

Según ella nació en el Evangelio, conoce de la Palabra, pero nunca sigue la Instrucción que está escrita ahí, ella se fía en su propio conocimiento, emociones y conveniencias. ¿Por qué escribo todo esto?, es como Testimonio amados, para que ustedes al igual que yo probemos los espíritus, como dice el Señor en su Palabra, si realmente son de Él o no. Y además muy mal testimonio para toda mi familia que conoce de la Palabra porque sabe lo que yo hice por 'su amiga' y que se dañó mi buen crédito a causa de ese favor que le hice. Y todavía me dejó de hablar después de aquel penoso episodio acontecido tiempo atrás. Seamos diligentes amados y siempre pidamos Dirección Divina antes de tomar decisiones por nosotros mismos.

Pero sigo en la lucha, guerreando día a día y perdonando a mis hermanos y enemigos siempre, siguiendo la Palabra y la enseñanza de mi Señor Jesucristo porque, sobre todas las cosas yo confío en Él, Él pelea por mí todas las batallas y me lleva de gloria en gloria y de victoria en victoria, peleando la buena batalla Él por mí. ¡Aleluya!

Cuando aprendí la instrucción, ya hubo Dirección Divina y Revelación, fue cuando empecé servirle a Él y en mi vida hubo

un cambio total en mente, alma y cuerpo, una metamorfosis. Y lo más importante, espiritualmente.

De igual manera he tenido mucha disciplina de parte de Él, porque Dios al que ama disciplina y cuando no sigo su Dirección Divina viene la disciplina a mi vida.

Ha Sido Así...

Cabe mencionar que no es ni ha sido fácil mi caminar con el Señor, he tenido muchas tribulaciones, persecuciones y caídas, he pasado por desiertos y valles, de sombras, de muerte, pero de todas esas el Señor me ha librado, Él me sacó del desierto y me da la victoria porque, como está escrito en la Palabra por uno de los más grandes apóstoles, Pablo, quien dijo y en mi vida yo lo afirmo: "para mí el vivir es Cristo, y el morir es ganancia", porque qué privilegio va a ser estar ausente de mi cuerpo y presente con el Señor Jesucristo el día que Él me llame a su presencia. Por eso día a día, momento a momento, digo "heme aquí Señor, que siempre se haga tu voluntad en mi vida, no la mía. Guárdame de mis enemigos en el hueco de tu mano y nunca te apartes de mí, siempre ve delante de mí, como dice tu Palabra. ¡Gloria a su Santo Nombre!

Amados, pero lo que puedo afirmar con toda seguridad es que sin Dios en mi vida yo no sería nada y las pruebas serían muy difíciles de pasarlas si Él no estuviera conmigo en todo momento y en todas las áreas de mi vida. De verdad no sé dónde estaría y me perdería sin Él porque Él es mi pan de vida, mi alimento diario. Él me da las fuerzas, como el águila.

Son grandes testimonios los que yo tengo para compartir con ustedes, porque únicamente Él ha podido hacer el cambio porque tiene un propósito en mi vida y Él que comenzó la obra en mí la va a terminar de acuerdo a su Palabra y propósitos para la misma.

Porque el Señor Jesucristo siempre ha puesto un aguijón en mí cuerpo, de los pies a la cabeza he sufrido graves heridas que en adelante les narraré en hechos y tiempo.

He pasado por pruebas y tribulaciones, pero mantengo mi esperanza.

Mi Primogénito

A continuación les daré el testimonio de mis demás hijos, los que nacieron de mi vientre y los que Dios me dio para amarlos y cuidarlos, fueron tres, sin embargo, al Señor le plació darme cinco más que nacieron de mi corazón y los amo igual a todos, en total son ocho.

Mi hijo mayor, mi primogénito, también tuvo que pasar por pruebas al igual que el tercero de mis hijos, la diferencia era que él no le servía al Señor, para él, el mundo era muy bueno. Es excelente persona y obediente, inclusive decía que él era espiritual pero no religioso, esa era su frase favorita y yo oraba sin cesar por él, doblaba rodilla y clamé al Señor, oré de día y de noche para interceder y pedir que sus ojos espirituales le fueran abiertos y él pudiera también salir de la oscuridad a la luz y que le sirviera al Señor y atendiera a su llamado a tiempo.

Cabe mencionar que para él lo mejor eran los autos de lujo, viajes, la novia, restaurantes, las parrandas, los amigos y las fiestas, obviamente había mucha prosperidad en las finanzas. Muchas de las cosas que en su momento yo no me enteré y gracias a Dios que no me permitió verlo porque me hubiese dolido mucho mi corazón, así como de tantas otras que después supe cuando mi primogénito dio su testimonio.

Una de esas cosas de las que yo me enteré años después, fue que en una ocasión que yo salí de viaje, ellos como adolescentes se sintieron libres e hicieron una fiesta en mi casa a la cual acudió gente no muy buena y unos "cholos" (pandilleros) que obviamente llegaron sin invitación, por lo menos no de mis hijos, más bien éstos eran amigos de otros amigos, quienes ya tomados se sintieron muy valientes o quizás ellos iban con malas intenciones de hacer daño a mi familia, a mis hijos.

Pero el Señor Todopoderoso siempre guarda a los que Él ha elegido desde antes de la fundación y los libró de todo mal. Porque ese día allí estaban mis niñas menores de edad y la "babysitter" (niñera), sin embargo, Dios las cuidó porque no sé qué hubiese pasado con ellas. También gracias a Dios que las libró y las guardó.

Uno de mis sobrinos que también vivía allí y participó en la fiesta me contó, mucho tiempo después, que ellos invitaron a muchos amigos y éstos invitaron a otros más; entre ellos fueron esos pandilleros y que uno de ellos encañonó con un arma y golpeó con esa pistola a mi hijo menor en el patio de mi casa, dentro de mi hogar, y que de no haber sido por otra persona que vio y lo impidió cuando gritó: "Momento, él es hermano del organizador de la fiesta en esta casa", lo habría matado sin misericordia. Pero gracias a Dios, al escuchar aquello los pandilleros huyeron. Pero fue algo que yo supe tiempo después, que eso había pasado en la madrugada.

Pero yo sé y confío siempre que en mi hogar vive Cristo y los ángeles de Jehová acampan siempre alrededor de los que le temen y le guardan. Del mismo modo, ninguna arma forjada prospera contra este hogar ni en los que en él moran, así dice el Profeta Isaías. Y así ha sido durante muchos años, Dios nos ha guardado de todo mal y de gente malintencionada. Hemos pasado muchas pruebas y ataques, pero el Señor nos ha guardado de todas ellas.

Y bueno, en el tiempo del Señor llega la disciplina y Él empieza la transformación y preparación de los que van a servir, ellos, a los que Él ha llamado o escogido, nos pasa por pruebas y fuego para que nos alineemos en la Dirección Divina. Los rompe, los hace añicos para transformarlos en vasos nuevos, limpios, porque Él es el alfarero y los va a usar grandemente.

…Seguía la disciplina por no atender a su llamado.

Y viene la disciplina

Un incidente terrible sucedió un día en que mi hijo mayor, después de una fiesta, él que ni siquiera había tomado una gota de alcohol, se le ocurrió darle "aventón" ("ride") a cada uno de sus amigos a sus respectivas casas y por supuesto se le fue pasando el tiempo hasta las cuatro de la madrugada. Y lógico, en un "stop" (alto) se quedó dormido a sólo dos minutos antes de llegar a casa y se estrelló con una pared (barda de contención) y su auto quedó hecho pedazos, pérdida total. Pero si un minuto antes hubiese ocurrido ese accidente quizás se habría ido a un barranco, o tal vez un minuto después se hubiese metido en alguna casa. Mejor ni pensar cuánta tragedia se habría provocado. Pero una vez más el Todopoderoso, en Gran Yo Soy, lo salvó de la muerte. Pero Dios tenía un propósito en su vida, sabía que él le iba a servir grandemente, ya lo había elegido y predestinado desde antes de depositarlo en mi vientre. Gloria a Dios.

Asimismo amados, a él no le pasó ni un rasguño, resultó ileso de ese terrible accidente, el carro quedó destrozado pero él salió caminando, ¡increíble! Obvio, él que respeta a las autoridades sabía lo que es la ley y él mismo llamó a la policía para que hicieran el reporte, lo cual siempre se tiene que hacer. Pero, ¡oh sorpresa! Los agentes se lo llevaron detenido y "esposado" al hospital. La razón fue que el carro olía mucho a alcohol y era lógico porque todos sus amigos a los cuales él llevó habían tomado y la autoridad pensó que él también lo había consumido.

Sin embargo, le hicieron la prueba del alcohol y no dio positivo, lo llevaron detenido al hospital para que vieran si había alcohol en su sangre pero no encontraron nada, el reporte estaba confuso; el auto olía a licor pero él no pues no había tomado ese día que le tocó manejar para todos. Pero el Señor al que ama lo disciplina y aunque en ese tiempo él no había aceptado a Cristo como su Señor y único Salvador, ya tenía su llamado y así fue, lo disciplinó y tuvo que acudir a la Corte durante seis meses porque todo estaba inconcluso. Así le placía al Señor hacerlo, porque la prueba del alcohol fue negativa pero el fiscal pedía cárcel para él y el juez decía que no, porque no había prueba de alcohol 'positiva'. Imaginen, un juez defendiendo a mi hijo. ¡Increíble! No cabe duda que era el justo juez, Jesucristo, porque Él todo lo ve y todo lo sabe.

Pero además el abogado que lo representaba no entendía qué pasaba, porque si él no había tomado bebidas embriagantes, por qué el fiscal quería darle un DUI (cargo que se da a quien ha ingerido alcohol y conduce un vehículo). Sin embargo, en el reporte del hospital referente al alcohol en la sangre no había nada, por lo tanto no había razón para que le fuera aplicado ese cargo.

Bueno, así fue hasta que todo se liberó gracias al Altísimo Padre Celestial, todo quedó claro hasta ese momento, sin embargo, el Señor aún tenía planes para él por su desobediencia y un buen día, meses después, que él iba en el auto con mis niñas más chicas, en familia, lo paró un policía porque una de las luces del auto estaba apagada, eso fue un día antes del festejo del Día de la Madre y yo creo que el policía tuvo misericordia de él porque vio que iban las niñas chiquitas sentadas en sus sillas correspondientes, porque le dijo.

—Mira, tú tienes orden de arresto, pero no te voy a llevar ahora porque vienes con tu familia. ¿Ok?

Cabe mencionar que ese era un día sábado y él policía le ordenó.

—Pero el lunes por la mañana preséntate en la Corte.

Y le dio la dirección donde debía ir y el número del caso. Muy obediente mi hijo fue el lunes a la Corte, se presentó ante el juez y preguntó cuál era la causa por la que tenía orden de arresto. El juez muy molesto le dijo que era porque no había pagado 100 dólares que le habían aplicado como multa cuando tuvo el caso antes mencionado, los cuales ya se habían aumentado hasta convertirse en orden de arresto.

—Nunca los pagaste y de eso hace mucho tiempo.

A lo cual mi hijo contestó.

—Perdone mi ignorancia señor juez, pero es que nunca recibí ninguna multa o aviso alguno. ¿Y de qué es ésta multa?

Ya más enojado el juez le dijo.

—Pues por ignorante ahora te voy a mandar a la cárcel.

E inmediatamente, allí mismo en la Corte, fue arrestado y llevado al condado de Los Angeles. Dígame usted si el Señor no disciplina, porque Él usa vasos limpios y nos pasa por fuego antes de usarnos, nos quema para refinarnos como oro fino. Porque a él lo había predestinado para servirle, del mismo modo que a ti y a mí.

Vean ustedes, uno debe quedarse callado ante una autoridad cualquiera que ésta sea, debe someterse a ella como lo dice la Escritura. Y ese mal momento tuvo que pasar para mi hijo, esas fueron las consecuencias de sus parrandas, de sus fiestas, de sus amigos y de su vida desordenada. Sin embargo salió bien librado, pero fue muy mala experiencia ser arrestado, llevado a una cárcel y ser privado de su libertad únicamente por negligencia y por no tener conocimiento y sabiduría que viene de lo Alto. Permaneció allí un día y una noche y dice que fue una experiencia horrible porque le pareció un siglo.

Él me contó que fue una verdadera pesadilla, que es un horror pasar aunque sea un día en una prisión donde vejan tu persona y no respetan tus derechos, te tratan como si de verdad fueras un terrible delincuente. Muy feo. Pero esa es la ley y así sucedió, una muy mala experiencia. Para su testimonio y para glorificar el nombre del Rey de reyes y Señor de señores.

Del mismo modo así te limpia Dios, te pasa por fuego en cualquier área de tu vida. Y atendió a su llamado, dejó de tomar, formalizó su relación, aceptó a Cristo como su único Señor y Salvador. Se casó por la fe cristiana, su esposa también es de la misma fe y ahora tiene tres hermosos niños los cuales están dedicados al Señor. ¡Aleluya!

Ahora él y su casa sirven a Jehová, Gloria a Dios. Una vez más, cuando el Señor te llame y quiera sacarte de la oscuridad a la luz, atiende a su llamado, no te esperes a la disciplina, aprende a escuchar su voz a tiempo, porque Él llega a tiempo y fuera de tiempo. Tú está atento a escuchar su voz porque el Señor dice; mis ovejas oyen mi voz y me siguen, así no tendrás disciplina de parte de Él. Cuando caminas en santidad y obedeces su Palabra, siempre vienen bendiciones a tu vida y experimentas la paz que sobrepasa todo entendimiento. Aunque vengan pruebas y tribulaciones, Él te da la fortaleza de pasar por todos esos desiertos y Él siempre viene y te rescata. Ahora dice; "Gracias Señor por la salvación de mi alma y por enseñarme que tu Palabra es viva y eficaz, la cual ha dado refrigerio a mis huesos y descanso a mi espíritu. Y estoy muy agradecido con mi Señor y Salvador, y muy bendecido con mi familia. Y todo lo que pasó en mi vida, todo obró para bien".

Y prosigo en la lucha con fe, esperanza y esperando la venida de Nuestro Señor y Salvador Jesucristo.

He Aquí Otro Testimonio Que También Me Dolió En Mi Corazón

Por otro lado, ahora vamos con mi segundo hijo, él en realidad ha sido y es muy tranquilo, sin embargo, también pasó por muchas cosas desagradables. Él se casó a los 23 años, muy joven y aún estudiaba la universidad. Asimismo, él seguía la enseñanza de su hermano mayor, los autos, las fiestas, las parrandas, etcétera, y cuando el Señor te va a usar, te disciplina y fuerte.

Un día salió con su primo a un baile, pero resultó que en ese sitio iban a golpear al primo, entonces el muy listo (mi hijo) enfrentó a los agresores para defenderlo, sin embargo, no se percató que ellos eran como cuatro y personas no muy gratas, mi sobrino estaba borracho y me imagino que mi hijo también, los dos andaban en la fiesta.

A uno de los hombres que estaba golpeando a mi sobrino, mi hijo se le echó encima para defenderlo, pero otro de ellos le pegó a mi hijo en la cabeza con "un gato de auto" normal, un artefacto metálico pesado con el cual le abrió gran parte del cuero cabelludo, sangraba abundantemente y perdió el conocimiento quedando como si estuviera "muerto", allí, tirado en el piso, desangrándose.

Una vez más se glorifica el nombre del Señor Jesucristo porque para su Honra y Gloria, unas personas lo llevaron rápido con un amigo de la familia, un médico, para que le revisara la herida. Él le dio muchas puntadas en la cabeza, lo cosió casi de lado a lado. Cabe mencionar que ya había perdido mucha sangre pero por temor a que yo me enterara o me fuera a enojar, no acudió a un hospital y su amigo lo curó y le cosió la herida.

Gracias a Dios no le pasó nada pero pudo haber muerto, todo por negligencia y falta de entendimiento. Cabe mencionar que entonces los dos, mi hijo y mi sobrino, eran muy jóvenes.

Bueno, pasó el tiempo y yo siempre le decía que se acercara a Dios, que tuviera una relación con Él, que lo conociera, y él muy noble me decía "sí mamita, más adelante, aún no estoy listo", y yo seguía clamando, orando e intercediendo para que en el tiempo del Señor Él o recibiera como su único Salvador. Y bueno, en el tiempo del Señor todo es perfecto y llegó el tiempo para mi hijo. Me aferré a la promesa del Señor, yo y toda mi casa le serviremos a Jehová.

Cabe mencionar que la carrera que mi hijo cursó es la de productor de televisión, sin embargo, el Señor pone todo en Orden Divino y en una ocasión en que él tuvo que grabar, le tocó filmar una película cristiana, una producción completa… Y ahí mismo le tocó el espíritu. Me dijo que no podía grabar, que a media grabación él se hallaba quebrantado, llorando sin poder detenerse y para él eso era sobrenatural, algo que no entendía.

Cuando él me contó eso me dijo: "Ahora entiendo a los de su fe cristiana. Se siente la presencia de Dios, por eso le gusta, ¿verdad?".

Ahí tuvo el toque del Maestro y yo daba Gloria y Honra al Señor porque sabía que él tenía su llamado y que pronto aceptaría a Jesús en su corazón. Y así fue, no pasaron ni dos meses de ese maravilloso encuentro con Él, cuando él fue a una iglesia cristiana y ahí aceptó al Señor Jesucristo como su único Salvador. A los dos meses su esposa se convirtió y al año dedicaron a su hija. Qué privilegio te da el Señor cuando eres fiel a su Palabra y te aferras a sus promesas como lo hice yo y siempre tuve fe y esperanza. Yo y mi casa servimos al Señor. Asimismo, siempre declaré que mis hermanos, familia y amigos conocerán al Señor y así ha sido durante todo este tiempo.

Y lo más hermoso es que él tiene el llamado del pastorado porque el Señor ha hablado a mi corazón ahora que estoy escribiendo este libro. Él ya tiene un ministerio y almas ganadas para Cristo, Gloria al nombre de Dios.

Ahora mi hijo dice: "El Señor es mi primer amor y el único". Y está en fuego desde que Él lo recibió, nunca más probó una gota de alcohol y ahí va caminando día a día y muy agradecido con el Señor por la salvación de su alma, por la de su familia, asimismo por su ministerio y por la iglesia. Y sobre todo, porque él está muy enamorado del Señor y se deleita en su Palabra. Y por su testimonio, muchos de sus amigos se han convertido a Cristo, otros más que estaban apartados del Señor han regresado a los caminos. ¡Aleluya!

Tiempo atrás, él también tuvo que pasar por grandes pruebas en su vida. Cierto día, viniendo de una reunión de carreras de carros, ¡ah!, porque les gustaban las carreras de carros deportivos a él y a mi primogénito y obviamente a veces conducían a alta velocidad como jóvenes, inclusive su hermano era el presidente del club de autos deportivos. Pero todo sale a la luz, tarde o temprano Él muestra todo. Y así fue ese día, ya era de noche y venían tranquilos en orden varios carros siguiendo a los demás del club, muchos jóvenes inexpertos y a él ese día le plació al Señor disciplinarlo y lo hizo, traía el carro todo encendido con luces de neón, parecía una discoteca y claro, a la policía eso le molestó, ¡cómo no si es contra la ley!, no está permitido traer un auto así.

Resultó que lo pararon tres patrullas y como él era menor de edad se atemorizó y en lugar del de él, dio el nombre de su hermano quien ya era mayor de edad y tenía licencia para conducir. Así es que él sabía la fecha de nacimiento de su hermano y el número licencia y entonces, para salvarse, dijo que era él. ¡Ah!, pero no contaba con que su hermano tenía una orden de arresto porque no había pagado un ticket (multa) por manejar a exceso de velocidad, precisamente por esas carreras de autos. Y si mi primogénito ni siquiera sabía que tenía orden de arresto, menos él. ¡Ay, los jóvenes!

Y bueno, pues lo esposaron y lo llevaron al Departamento de Policía de la localidad pensando que era mayor de edad o por lo menos quien él había dicho ser. Para colmo, el policía que lo arrestó era inexperto, quizá nuevo en esa labor, y lo metió al frente de la patrulla, no atrás, y sin colocarle el cinturón de seguridad correspondiente, lo cual nunca debe hacer un representante de la ley, el detenido debe ir en la parte de atrás del vehículo y asegurado con el cinturón.

Por si esto fuera poco, hubo una emergencia y el patrullero escuchó la llamada y él, rompiendo las reglas, quiso acudir a gran velocidad, razón por la cual se pasó una luz roja (alto) y sobrevino un accidente contra un auto particular en el cual todo el golpe le tocó a mi hijo, no obstante, aquel policía sin experiencia, después y de manera inmisericorde se lo llevó arrestado a la comandancia.

Mi otro hijo, quien prácticamente ignoraba lo del accidente de la patrulla, llegó a nuestro hogar y me dijo.

—Mamá, mi hermano fue sacado de su carro y arrestado, no sé por qué, él venía bien, no cometió ninguna infracción, así es que por favor —me suplicó muy angustiado— vamos a ver qué sucedió.

Y bien, llegué al Departamento de Policía exigiendo los derechos de un hijo menor de edad porque él no ameritaba un arresto, por ley la policía no podía arrestar a un menor, únicamente darle una multa, pero la inexperiencia de aquel mal agente había provocado todo eso, así como la mentira de mi hijo menor al decir que era otra persona.

Cuando me lo permitieron yo les expliqué que como mi hijo era menor se asustó porque estaba quebrantando la ley; se aclaró todo y me lo entregaron, pero con la negligencia de todos los representantes de ese Departamento no le habían dado atención médica por lo cual yo me molesté, ni siquiera se habían tomado la molestia de decirme lo del accidente de la patrulla, porque incluso a él "le aconsejaron" que no me dijera nada a mí respecto a ese accidente.

Al ver que mi hijo menor caminaba con dificultad, lo llevé a un hospital y ahí me dijeron del daño que llevaba en su pierna y su espalda. El diagnóstico no era favorable y como en la familia tenemos abogado, él aconsejó llevar esto legalmente, por lo tanto entablé una demanda contra el Departamento de Policía para que se hicieran cargo de los gastos médicos. Pasaron más de seis meses pero ganamos el caso y le operaron su rodilla, la cual en ese entonces ya se había dañado más por dejar pasar tanto tiempo sin atención. Gracias a Dios, pero la disciplina vino de parte del Señor porque tenía que ser honesto y por la mentira que él había dicho a la autoridad de que era mayor de edad, por eso se creó ese problema. Sin embargo, todavía le faltaban más pruebas y tribulaciones pues antes de la operación estuvo seis meses sin poder caminar y aún estudiaba.

Tiempo después, ya recuperado, graduado y restaurado, vino algo más, otra tribulación, porque a Dios ya le había placido llamarlo y tenía propósitos más adelante para su vida. Él, como productor y realizando su trabajo, un día hizo una película de "pandillas", muy bonito ese cortometraje el cual fue premiado, y terminando su día de grabación ya iba rumbo a casa muy tranquilo y sin pena, cansado pero contento por la filmación, de pronto –dijo– que se empezó a iluminar el cielo y comenzó a ver pasar helicópteros arriba de donde venía él manejando su auto, al mismo tiempo que dos patrullas atrás, dos al lado y policías en motocicletas como si lo fueran escoltando o fuera una gran estrella de cine, le iban acompañando. Dijo que se sentía aturdido porque no entendía nada, todo era confusión, los agentes hablaban por altavoces y él se detuvo cuando los policías de cada lado le apuntaban con armas y le ordenaron que bajara del carro con sus manos en alto y se tirara al piso (suelo) en donde lo esposaron y se le echaron encima.

Pero al final resultó ser que en la película que había terminado de grabar, hubo unas escenas en un parque cercano en donde utilizó pistolas de utilería, de plástico, pero una viejecita que había visto por la ventana de su casa a lo lejos, asumió, pensó o creyó que las armas eran de verdad y fue por eso que llamó a la policía y dijo que en un carro llevaban armas y ella vio cómo se apuntaban con ellas.

Ya ven cómo disciplina el Señor, cuando eres llamado serás ordenado y cuando no atiendes al llamado serás disciplinado.

Para gran Testimonio y para Gloria y Honra del Señor, esa película terminaba con una conversión, al final de ésta se mostraba a un policía y a un pandillero que eran amigos y el policía se ganaba al pandillero para Cristo, ese era el final y mi hijo sin saber que iba a ser llamado lo profetizó. Más adelante él escribió ese guion, porque no se lo reveló carne ni sangre, únicamente el espíritu que ese día fue el de un ataque del enemigo de nuestra alma, porque Él sabía que mi hijo serviría grandemente al Señor y traería muchas almas a los pies de Cristo.

Continúan Más Testimonios De Mi Vida

Asimismo, el enemigo siempre me tiró a matar. No cabe ninguna duda que Dios ha obrado en mi vida de una manera sobrenatural y extraordinaria librándome, rescatándome de la misma muerte y guardándome de todo mal. Del mismo modo me ha disciplinado, restaurado y amado.

Por otra parte, cómo recuerdo una de esas veces que clamé a Él. Resulta que mi esposo, antes de venirme yo a Estados Unidos, estaba muy enojado y cuando una persona se siente perdida quiere hacerle el mayor daño a la otra persona, en este caso a mí. Una de esas veces él "mandó" personas para darme −según él "un susto"− y estando embarazada de mi tercer hijo, más bien el hijo de ambos, sin importarle mi estado él lo único que quería en ese momento era hacerme daño, vengarse de mí porque lo había dejado, o fue porque había decidido alejarme de él por la manera de comportarse; faltando siempre a casa, tomando licor y andando de fiesta en fiesta con sus amigos, como les narré anteriormente.

Y bueno, uno de esos días, una mañana muy fría y lluviosa yo decidí ir a cobrar el dinero que me adeudaban por una mercancía que había vendido, ya que se me habían agotado los recursos financieros, tenía sólido pero no líquido y, además embarazada y con muchos gastos por cubrir. No salía mucho a la calle en mi estado y con mucho miedo, sin embargo, salí. Ya ustedes se imaginarán cómo andaba, muy atribulada.

Prosigo, en esos días hasta el teléfono "me habían cortado", todo era confusión en mi mente y salí a cobrar un dinero que me debían pero no tuve éxito, no me pagaron, entonces tuve que recurrir a empeñar unas de mis joyas y bien, ya con dinero en efectivo en la mano, me dirigí a pagar la cuenta del teléfono. Cabe mencionar que en esa época eran teléfonos de casa y en nuestros países, cuando nos "cortaban" (interrumpían) el servicio y luego procedíamos a reconectarlo, se tardaban en hacerlo hasta 10 o 15 días o más, en fin, ahí es donde se glorifica el nombre del Señor Jesucristo en mi vida como en tantas otras que les voy a narrar a continuación. Y bien, pasé a las oficinas del servicio telefónico, pagué y por supuesto yo consideraba esperar muchos días para que hicieran la reconexión de mi servicio. Bueno, me disponía a tomar un desayuno en mi casa ya que mi embarazo era de casi seis meses, ya me había cansado de ir hasta el centro de la ciudad a empeñar mis alhajas, no tenía ni cinco minutos de haber llegado a casa cuando de repente tocaron fuertemente la puerta, hasta parecía que la iban a derrumbar de tan fuerte como tocaron, abrí la puerta y vi a cinco hombres extraños y corpulentos que entraron a mi casa y abruptamente, sin misericordia, me aventaron en un sofá (un mueble para sentarse) mientras decían: "somos agentes judiciales, te vamos a llevar presa (arrestada) y te vas a morir", mientras me apuntaban con sus armas en mi cabeza.

¡Qué susto!, me aterrorizó ese enemigo de mi alma, porque siempre tuve persecución, él anda como león rugiente, me quería devorar y yo asustada decidí preguntar: "¿por qué me hacen esto?". Entonces ellos contestaron: "cállate, tú no puedes hablar" y como esa gente tiene un "lenguaje muy florido", opté por callarme. Yo creo que sus intenciones no eran buenas porque miren qué milagro por parte de Dios, era porque Él ya tenía un propósito en mi vida, resulta que justo en el sofá (sillón) donde me aventaron para sentarme y amedrentarme, porque hasta con armas apuntaron a mi cabeza, increíble, imagine usted si no, en ese preciso momento sonó el teléfono, sí, estaba cerca de mí ese aparato, aunque eso me parecía imposible porque tenía una hora de haberlo pagado y se supone que tenían que pasar varios días para que reconectaran de nuevo el servicio. Pero ocurrió el milagro, timbró el teléfono y ellos se asustaron, lo mismo que yo, se suponía que no tenía servicio y sonó de repente más fuerte de lo común.

¡Pues timbró y timbró!, yo lo levanté por instinto, fue de inmediato, ¿y qué creen?, quien llamaba era justo mi abogado quien llevaba mi caso de divorcio y entonces grité, le dije: "¡auxilio, me quieren matar!, son cinco hombres que están aquí en mi casa y dicen que son agentes". Bruscamente uno de ellos me arrebató el teléfono y lo pegó a su oído… De verdad yo nunca supe lo que el abogado le dijo a ese hombre que me estaba apuntando, lo único fue que bajó el arma y les dijo a los demás que se salieran y él también salió no sin antes amenazarme diciendo que regresarían con una orden de aprehensión o no sé qué y se fueron. ¡Qué terrible, me asusté mucho, mucho! Porque en ese momento pudieron quitarme la vida, pero mi Señor y Salvador no lo permitió porque tenía propósitos para la misma.

Y el milagro que vino fue de lo Alto, del Gran Yo Soy, el creador del universo, de guardar una vez más mi vida, porque eso sucedió en menos de dos minutos. Se fueron los infames hombres, yo los vi por la ventana del balcón de mi apartamento el cual daba a la calle. En cuanto se fueron tomé unas cuantas pertenencias personales y documentos importantes como actas de nacimiento, credenciales, pasaportes, etc., recogí a mis hijos de la escuela y me fui lejos para nunca volver. Dejé ese lugar, dejé que se perdiera, nunca volví, eso es material y no me interesó, era más importante conservar la vida de mi bebé y la mía. Si antes había dejado una mansión, ¡cómo no iba a dejar un apartamento! Aunque era de mi propiedad no me importó dejarlo y también mi auto.

Qué maravilloso es Dios y cómo me ha librado de las garras del enemigo de mi alma, porque ese siempre me ha tirado a matar. Gracias a Dios que me salvó de morir en ese momento o qué sé yo lo que me hubieran hecho esos hombres que parecían el mismo Satanás en persona. Y vean, allí, ese mismo día, yo caminé junto con mis hijos, hasta la avenida más cercana para poder abordar un taxi e irme lo más lejos posible.

Y vean si el devorador quería acabarme, ahí donde estábamos parados esperando abordar el taxi era en medio de las vías del tren y yo y mis hijos estábamos tan distraídos que ni nos dimos cuenta que el tren venía hacia nosotros. Yo veía que mucha gente gritaba y nos hacía señas y era todo como una película, mucho escándalo y ruido, pero yo no entendía nada y mis hijos menos pues ellos eran pequeños. Sin embargo, Dios usó un ángel y vino un señor corriendo y nos dio de jalones y empujones y aun así no reaccionábamos, no entendíamos, nos había cegado el enemigo, hasta que oí fuerte y claro el silbido del tren y oí la voz de este ángel que me dijo: "señora, ahí viene el tren", entonces corrimos y fue sólo por unos segundos que no nos pasó el tren por encima. ¡Qué terrible!

¿Cómo ven?, ¡qué grande es Dios!, porque unos momento antes había pasado lo de mi casa en que casi me mataban esos hombres de no haber sido por esa llamada, y luego en medio de las vías del tren y sin darnos cuenta que el tren venía a toda velocidad. Qué gran tragedia hubiese ocurrido a mis dos hijos y a mí, que además estaba embarazada de mi tercer hijo.

Y así sucesivamente han pasado tantas cosas en mi vida y de todas ellas Dios me ha librado. Porque no hay nada imposible para Él cuando tiene propósitos para la vida de cada persona. Sin embargo, el Señor Jesucristo me muestra día a día su misericordia y su amor, y su fidelidad que es tan grande, que es incomparable. Él es el Rey de reyes y Señor de señores. Él dice en su Palabra que a mis enemigos los pondrá por estrado a mis pies y, en mi vida, esa promesa se ha cumplido. Muchas veces he visto así caídas a las personas que me hicieron daño y aún más, me ha tocado darles la mano para que se levanten. Y eso es porque el Señor lo ha puesto en mi corazón y Él me ha dado todo para bendecirles y ayudarles, aunque en el pasado me hicieron algo.

El Señor me ha mostrado qué miserable es la vida de muchas personas que trataron de hacerme mal o ser piedra de tropiezo en mi vida. Y yo oro por ellos para que el Señor tenga misericordia de mis enemigos y de esas personas que tanto daño me hicieron.

Por otra parte, el Señor dice en su Palabra que a tus enemigos los pone en paz. Muchas de las personas que a lo largo de mi vida me han hecho algo contra mí, Dios en su infinito poder me ha mostrado cómo les ha ido de mal a muchas de ellas, porque a Él le ha placido hacerlo y está escrito en su Palabra que los que se meten con un hijo suyo no sabe lo que le espera, Él pelea por ellos y los cuida siempre.

En mi vida me ha mostrado muchas veces lo maravilloso, poderoso y fiel que es Él, y a esas tantas personas que de una u otra manera han querido atacarme, Él les trae disciplina y las ha avergonzado públicamente, a algunas ha sacado a la luz sus pecados. Yo oro, intercedo y clamo por ellos, para que el Señor tenga misericordia, porque yo les he perdonado y si yo les ofendí también le pido perdón a cada uno de ellos.

Sin embargo, me mantengo con gozo después de tantas cosas que he pasado a lo largo de mi vida, muchas pruebas y tantos testimonios más qué escribir, pero les prometo que para el próximo libro los escribiré y son verdaderos milagros para glorificar el nombre de Dios y exaltar su omnipotencia en nuestras vidas.

Es mucho mi gozo porque por medio de mi persona el Señor me ha usado para alcanzar a toda mi familia, muchos amigos, clientes, pacientes y conocidos, desde estrellas famosas de radio y televisión, hasta el jardinero de casa o personas de otros países han conocido al Señor, les he testificado lo que Él hizo en mi vida y en la de mi familia, que muchos de ellos estaban más perdidos que el mismo Diablo. Muchos de ellos han recibido a Jesús en su corazón y ahora le sirven y son sus discípulos. ¡Gloria a Dios!

Qué bendecida es mi vida, cuántos milagros me ha tocado ver, cuántos perdidos y cuántas vidas el Señor ha alcanzado y rescatado de lo más perdido e inmundo. Él los ha sacado de la oscuridad a la luz. Ahora muchos son pastores, ministros evangelistas, profetas y discípulos de Jesucristo. Sus vidas son diferentes, sus familias caminan en santidad y obediencia. Ahora todos predicamos las buenas nuevas de Salvación, la sana doctrina de Jesucristo, el hijo de Dios.

¡Qué gozo y qué agradecimiento porque a Él le ha placido usarme! Y usarlos a ellos así, de esa manera.

Valor Testimonial

Muchos son los testimonios que tengo que darles para la Honra y Gloria de Dios, ahora sé que todo lo que me ha pasado en mi vida es un propósito de Dios y uno piensa; "bueno, todo queda en oculto". ¡No!, el Señor saca todo a la luz un día porque el Señor te muestra todos sus Estatutos, Mandamientos, Decretos, Preceptos y Ordenanzas, para que no te desvíes y aprendas a ser obediente a su Palabra y siempre sigamos una Dirección Divina, esa instrucción que viene de lo Alto. Y todo está escrito en la Biblia, ahí te habla de Él.

Si uno no se disciplina y sigue un Orden Divino, tarde o temprano llega la consecuencia de tus actos y en muchas ocasiones uno dice: "yo soy bueno", como lo escribí al principio, pero eso no es verdad porque Dios dice: "no hay ninguno bueno"; está escrito en su Palabra y el que diga eso, el tal es un mentiroso, no hay ninguno bueno, únicamente Él en su Naturaleza Divina, porque todos tenemos la naturaleza humana. Sin embargo, aquí viene la verdad de mi vida; cuando yo ya tomé conciencia de mis actos era mala, maligna y perversa, y eso está escrito en su Palabra, era hija del Diablo y caminaba en la oscuridad. ¡Ah!, pero uno dice ¿por qué me pasan estas cosas si yo soy buena, si yo no hago mal a nadie. ¡Cómo no!, si en mi vida había culpa, vergüenza, pecado, tristeza, fornicación, adulterio, asesinato, tormento, mentira y una vida sin propósito. ¡Cómo!, pero si yo me sentía víctima de todo, ¿por qué?

—Culpa, porque había pecados ocultos en mi vida.

—Vergüenza, porque me escondía en la oscuridad.

—Fornicación, porque desde mental, física y espiritualmente vivía un desbalance de pensamientos negativos y además vivía con un hombre sin estar casada. Y yo decía: "ah, pero soy soltera y sin compromiso, ¿a quién le hago mal?"… Pero eso es fornicación.

–Asesinato, porque cuando estaba joven y casada, en complicidad con mi esposo me practiqué un aborto porque, según nosotros, mi segundo hijo aún estaba muy chiquito. Yo recientemente había tenido cesárea, sin embargo, eso es asesinato. Pero sin conocimiento ni discernimiento uno piensa que hace lo correcto y no es así.

–Y venía a mi vida la tormenta, porque me sentía culpable.

–Adulterio, porque aun sin estar divorciada o viuda, únicamente abandonada, me volví a casar. Eso es adulterio. Eso dice la Palabra.

–Mentira, porque así vivía mi vida, con mentiras y apariencias, y mi vida sin propósito porque vivía en la oscuridad, en un gran espejismo en el mundo, sin dirección.

–Pecado, porque incurrí en todos ellos.

–Tristeza, porque mi estado de ánimo se vio quebrantado cuando en mi vida se presentaron los malos tratos, el rechazo, la mentira, el abandono y el desamor. Pensaba en la venganza y eso no es agradable al Señor, así es que obtuve las consecuencias de mis actos y me rendí, entregué todas las cargas a mi Señor y Salvador porque estaba de verdad muy cargada. Y Él que es tan bueno me perdonó de todos mis pecados por su gran amor y su muerte en la Cruz del Calvario me redimió, sin embargo, tuve que pagar las consecuencias de mis actos. Porque Él ama al pecador pero no el pecado y perdona a todo aquel que se arrepiente de los mismos, los saca de la oscuridad a la luz y los adopta como hijos suyos. Qué privilegio, que Él me llamó a servirle.

A veces tú crees que tú puedes con todo pero estás agarrado de la mano del maligno, están viviendo en el Reino de las Tinieblas y te crees muy bueno, como yo me sentía siendo una vil pecadora, con todos los atributos. Creía que con ganarme al mundo "ya la había hecho" y vivía engañada –según yo– cosechando éxitos, conociendo personas muy importantes, de fama internacional, de la farándula, de la política, de la ciencia, etcétera, pero vivía fuera de la realidad y no en Orden Divino porque pensaba que por mí misma lo lograba y era mentira. El enemigo me tenía cegada, engañada, atada.

También –según yo– ya había recibido a Jesucristo como mi Señor y Salvador y, sin embargo, por las apariencias y los actos que yo hacía y vivía en mi propia concupiscencia, sin sabiduría, sin conocimiento y sin discernimiento, me contradecían. ¡Ah!, pero yo era muy buena y me sentía abusada, despreciada y abandonada, pero únicamente estaba cosechando todo lo que yo sembré por falta de conocimiento y sabiduría, así vivía día a día por no seguir la Instrucción Divina, si ya conocía la Palabra pero no la aplicaba, no se verían los frutos en mi vida ni era buen testimonio para los demás, hasta que apliqué en mi vida practicar lo que predicaba.

Y claro, en el mundo me sentía que yo era buena, pero no, cuando recibí la Revelación y la Instrucción, aprendí que era mala, maligna y perversa, igual que todos aquellos que no han rendido su vida al Todopoderoso, aunque yo me sentía buena. ¡Cómo no! Pero cuando al Señor le plació que yo estuviera, que yo viviera dentro de la voluntad de Dios, ahí verdaderamente empezó la renovación, la transformación y la justificación, un verdadero regalo no merecido, la salvación de mi alma. Así es que decidí tomar mi Cruz y seguir a mi Señor Jesucristo y decir Abbá Padre.

Así han llegado todos los ataques, aún el día de hoy los tengo, el Señor prueba mi fe, me pasa por fuego para ver qué tanto le amo, cómo estoy día a día con Él en comunión, en obediencia y santidad.

Y ahora confieso todos mis pecados, no los cubro, no los escondo, porque si Dios lo sabe y Él me ha perdonado, qué importa que el mundo entero lo sepa. Esa es mi realidad, ese es mi Testimonio. Ahora veo la desnudez que yo tenía y quería cubrir, mi vergüenza y mis pecados, sin embargo, no encubrí mis pecados, los confesé para así poder recibir misericordia de parte de mi Señor y Salvador. Porque Él me ha limpiado, con su preciosa sangre borró todo lo pasado, el Señor por su gran misericordia y amor me justificó y redimió. Y con su preciosa sangre me limpió de todos mis pecados y escribió mi nombre en el Libro de la Vida. Gloria a su nombre. Santo, Santo, Santo es el Señor.

Ahora me mantengo en fidelidad, en santidad, en oración, en ayuno y en comunión con Dios segundo a segundo de mi vida, trabajando al cien por ciento en mi Ministerio. Asimismo, dedicada a mi familia.

Arrepentida, ahora soy una nueva criatura, el viejo hombre quedó sepultado, ahora ya no vivo yo, porque vive Cristo en mí y me ha transformado, me ha perdonado, me dio la salvación de mi alma, la sanación de mi cuerpo, la renovación de mi mente y día a día Él habla a mi corazón y Él vive en mí, asimismo me ha sellado con su Santo Espíritu.

Del mismo modo entendí que las consecuencias del pecado es la separación del Señor y yo nunca quiero estar separada de Él y le pido que siempre esté conmigo, porque yo quiero estar postrada en su Altar siempre con un corazón contrito y humillado, ahí en la Cruz del Calvario, donde derramó su preciosa sangre para limpiarme de todos mis pecados e iniquidades.

Señor, tú eres un Dios vivo porque moriste por mí, pero al tercer día resucitaste de entre los muertos. Gracias por salvar mi alma del infierno. Tú me justificaste, me santificaste y me glorificaste. Gracias Señor por tu grande amor.

Lo único que puedo decirles amados, que me rendí y que siempre me mantuve fiel, que sigo luchando, que me mantengo en oración, ayuno e intercesión, predicando el Evangelio de Jesucristo y ganando almas para el Reino día a día.

Asimismo, no me rindo al mundo, el Señor me dio un espíritu de poder, de dominio propio, de guerrero y Él me respalda en todas las batallas y luchas, Él va delante de mí y gracias a Dios me vestí con la coraza de la justicia y me puse la armadura, porque soy un soldado de Jesucristo que no se rinde, prosigo en la lucha y la batalla porque aún no lo he alcanzado todo, mas yo le sigo sirviendo hasta el día de su venida.

Cuando pedí perdón y me puse de rodillas, el Señor contestó mi oración

Me arrepentí, dejé mis malos pensamientos y acciones inicuas de odio, de rencor, de venganza, de mentira, de fornicación, de adulterio, etcétera, y el Señor en su infinita misericordia me perdonó, me levantó, me restauró, me reconcilió, me regeneró y me salvó. ¡Aleluya!

Ahora digo: "heme aquí, envíame a mí, yo iré donde Tú me mandes, donde sea tu voluntad, porque yo sé que Tú irás delante de mí siempre".

En Conclusión

Mi Testimonio es que pasé de la oscuridad a la luz cuando adquirí el conocimiento y teniendo la sabiduría en la Palabra de Dios, asimismo leyendo la Biblia diariamente y reconociendo que Él es Todopoderoso y eterno.

Él puso el querer ser, así como el hacer y me da el poder en mi vida para siempre y que se haga su voluntad. Qué privilegio es para mí recordar mi vida pasada y de donde me sacó el Señor y dónde me tiene ahora, hasta el día de hoy y el caminar con el Señor Jesucristo segundo a segundo son una bendición que Él, en su Gracia y Misericordia, me escogió a mí para servirle íntegramente para ser una digna representante de Él aquí en la tierra y ser diligente embajadora para ir a las naciones y predicar el Evangelio y la sana doctrina de Cristo Jesús siendo bíblica, cristocéntrica y guiada por el Espíritu Santo.

Amados lectores, hermanos y amigos, no es fácil el caminar en santidad, pero con su ayuda sí, porque Él en su Palabra dice que su yugo es fácil y ligera su carga. Qué promesa tan hermosa y de verdad que así es y siempre ha sido en mi vida desde que le acepté en mi corazón como mi único Señor y Salvador por muy pesadas que son mis cargas y las tribulaciones que pasé y que sigo pasando, mi agradecimiento siempre para mi Señor porque me dio la victoria y peleé la buena batalla, Él me dio la fortaleza y me la da día a día para seguir en la guerra espiritual todos los días de mi vida.

Y bueno, como lo leyeron a lo largo de este libro de mi Testimonio, de dónde me sacó Dios, a dónde me tiene Dios y a dónde me va a llevar Él, yo siempre pongo la mirada en el Señor y le digo heme aquí, envíame a mí y espero tu venida con gozo y alegría porque la Palabra de Dios es viva y eficaz, desde Génesis hasta Apocalipsis, está escrito en la Biblia y no hay ninguna contradicción, todo es exacto, correcto, verídico y es el mejor y único libro de toda la historia, donde encuentras todas las respuestas con una exactitud increíble y divinamente escrito.

Ahí encuentras amor, perdón, satisfacción, justificación y redención, poesía, teología, escatología, ciencia, política, salvación, gastronomía, astronomía, biología, filosofía, historia, mentira, intriga, dolor, traición, entrega, sacrificio, adulterio, fraude, etcétera. Verdaderamente impresionante, todas las respuestas y toda la sabiduría y el conocimiento que adquieres cuando lees la Biblia. Es por eso que en todo el universo hay guerra y polémica contra este libro sagrado y no con ningún otro porque es un libro espiritual inspirado por Dios y es su Palabra viva y eficaz.

Por otra parte, le doy la Honra y Gloria al Señor Jesucristo porque he sido su instrumento, Él me ha usado grandemente para haber traído miles de almas a sus pies. Gracias Señor por usarme de esa manera, por sacarme de la oscuridad a la luz. Bendito sea tu nombre, eres Santo, Santo, Santo.

El Perdón Te Libera

Muchas veces me sentí deshonrada por mis propios familiares e hijos, así como por familiares, amigos y hermanos, pero cuando venía la prueba y el dolor a mi corazón por alguna causa o desobediencia de ellos hacia el Señor, yo oraba y doblaba rodilla para que Él fuera el que redarguyera su Espíritu en ellos y viene el cambio o el arrepentimiento y así se ha manifestado en sus vidas.

Del mismo modo yo también, cuántas y cuántas veces herí los sentimientos de alguno de mis hijos, mis hermanos, amigos o de mi familia y reconocí, me arrepentí y pedí perdón al Señor por la ofensa a mis hermanos y familiares y Él me perdonó. Del mismo modo ellos también, porque ahora muchos de mi familia conocen la Palabra de Dios y la aplican en sus vidas.

Asimismo cabe mencionar que a mí fue la primera persona de toda mi familia que al Señor le plació llamarme y servirle, y ahora ya casi toda mi familia le sirve y por fe sé que los pocos que faltan llegarán a rendirse a los pies de Jesús, porque no hay lugar más Alto que estar a los pies de Nuestro Señor Jesucristo y ser su testigo fiel.

Mi Gran Testimonio

Me robaron,
Me humillaron,
Me engañaron,
Me maltrataron,
Me dejaron,
Me culparon,
Me golpearon,
Vituperaron en mi contra,
Hablaron mal de mí,
Me señalaron,
Me abandonaron.
Pero vino el Gigante que me sacó del desierto y me trajo a la
Tierra Prometida.
Me amó,
Me consoló,
Me guardó,
Me perdonó,
Me redimió,
Me restauró,
Me santificó,
Me quebrantó
Y me hizo un hombre nuevo.
Aleluya al que es tres veces Santo y el que tiene todo el poder.
La Gloria es para Él.
Pasé la prueba, nunca me rendí, siempre permanecí firme a la
Palabra de Dios. Siempre confié y me aferré a la promesa de
Dios. Tuve la fe, la esperanza y así fue, yo y toda mi casa le
servimos al Señor. Así es.

Tribulaciones

De todo pasé, dos hermanos de sangre en la cárcel, un hermano violado, otro hermano envuelto en un homicidio imprudencial dentro de la familia. Me sentí abandonada, desechada, traicionada.

Viví tragedias de todo tipo, pero nunca perdí la fe, mantuve siempre la mirada en Dios Todopoderoso y todo pasó, pero a Él le plació bendecirme y guardarme siempre.

Sin embargo, hay que ser prudentes porque muchas de las veces no pensamos, no meditamos y caemos en errores que más tarde nos pesan y nos acusan en nuestra vida. Porque las consecuencias siempre se pagan.

Mi hermano, que ahora en día es pastor, estando joven e inexperto y más perdido que el diablo, un mal día se le ocurrió ir a buscar al esposo de mi tía según él para "darle un escarmiento" porque mi tía, hermana de mi mamá, era golpeada por su esposo quien era un borracho, abusador, parrandero y jugador.

Y sucedió que mi hermano "muy valiente" y sin medir las consecuencias, fue borracho también y se le ocurrió ir a verlo llevando una pistola en su mano con la cual golpeó y rompió una de las ventanas de esa casa, pero se le escaparon dos tiros y una de esas balas fue a darle directamente al corazón de la hija menor de mi tía que en ese momento dormía, convirtiéndose así ese hecho en un homicidio imprudencial.

No obstante, el esposo de mi tía, llevando a su hija en brazos tocó la puerta y mostrándonos a la niña muerta, gritaba que mi hermano la había matado, que había apuntado su pistola a la ventana y disparado en dos ocasiones. Pero no fue así, todo fue circunstancial, una de esas balas chocó en el marco de la ventana, rebotó y fue a pegarle al cuerpo de la pequeña.

Mi hermano huyó, lo mismo que nuestro tío, aunque finalmente todo se aclaró y efectivamente las autoridades lo calificaron como homicidio imprudencial.

Los peritos de balística asentaron en el acta que levantaron, que mi tío, el esposo de mi tía, también había disparado un arma desde adentro de su casa, pero se comprobó que la bala de la pistola de mi hermano fue la que rebotó y directamente dio en el corazón de mi primita. En efecto, fue un homicidio imprudencial.

Mucho tiempo después mi hermano aceptó a Cristo como su Señor y Salvador. Hoy en día es un evangelista para gloria y honra de Nuestro Señor y Salvador, él ha traído miles de almas a los pies de Cristo, con su testimonio y con su arrepentimiento genuino ahora es un hombre nuevo.

Del mismo modo, en su testimonio dice que él era escoria de la sociedad, pero de ahí a nuestro Señor Jesucristo le plació sacarlo de lo más vil, de lo más perdido, de lo más bajo, para glorificar el nombre del Hijo de Dios Todopoderoso. ¡Aleluya! Dio un cambio de 360 grados, ¡increíble! Lo que para el hombre es imposible, para Dios todo es posible.

Testimonio De Mi Hermano A Quien Violaron

Algo que marcó mi vida y provocó mucho dolor a mi corazón, fue que a mi hermano menor, lo interné en un programa de Alcohólicos Anónimos para que se desintoxicara. Vean, sucedió que al poco tiempo de haberme venido a Estados Unidos él cayó víctima del alcohol y drogas por la depresión que le causó que yo ya no estuviera con ellos en México. Esos famosos programas que según no son lucrativos, por lo menos en ese de AA ubicado en Chimalhuacán, Estado de México, fue ahí donde ingresé a mi hermano y yo pagaba cien dólares por mes para que lo rehabilitaran, según ahí con sus programas.

Si existen grupos de AA que funcionen para cumplir con su objetivo y sin sacar provecho de la gente que tiene que hacer uso de ellos, los felicito, pensaré entonces que sí hay personas buenas, nobles y altruistas que ayudan a los demás, a quienes han caído en desgracia de las drogas y adicciones.

Pero en aquel centro no fue así, ¡qué vergüenza!

Desgraciadamente pensé que dejaba a mi hermano en muy buenas manos y por eso puntualmente recibían el dinero que con tanto sacrificio yo reunía cada mes para enviarlo al programa, pero los infames en vez de ayudarlo lo violaron y lo sacaron del programa. Eso le hicieron a muchas personas en ese tipo de grupos de apoyo que en muchas ocasiones son un fraude. Si alguien de ustedes llegara a necesitarlo, ¡investiguen bien con quiénes están tratando!, y denúncielos a las autoridades si incumplen con sus deberes. Yo después investigué y supe que les hicieron atrocidades a los demás internos en varios de esos centros. ¡Qué pecado!, pero un día tendrán su castigo porque Dios no puede ser burlado.

Nunca recibí una notificación, jamás me dijeron nada y yo seguía enviando el dinero puntualmente pensando que él estaba allí. Pero un día que fui a México me dirigí a visitarlo en aquel centro de AA, pero ¡oh sorpresa!, me dijeron que mi hermano se había ido, que había escapado. Lamentablemente, viviendo yo en Estados Unidos, no podía estar al tanto de lo que ocurría. Sin embargo, meses después encontré a mi hermano, quien llorando me confesó que lo habían golpeado y violado, que eso mismo hacían con muchos de los internos. Agregó, que lo habían amenazado si los denunciaba con cualquier persona, incluyéndome a mí, añadiendo que nos harían daño. ¡Imagínense ustedes!

A cualquier centro de esos llamados de ayuda, recuperación o rehabilitación, yo les sugiero que tengan cuidado al ingresar a sus familiares o amigos. Si es en un centro de verdad, vean que los lugares sean seguros y confiables; porque en aquel donde ingresé a mi hermano había gente mala y sin escrúpulos, abusivos que se escudan tras los nobles propósitos de los genuinos grupos de AA. Tiempo después mi hermano murió (RIP).

Pero de verdad que sí pasé tribulaciones por todo eso que sucedió, porque fue una muy dura experiencia encontrar que todo era una mentira y que los abusaban, los maltrataban, casi los tenían secuestrados y vejaban a las personas.

OTRO TESTIMONIO PARA HONRA Y GLORIA DE DIOS, DE CUÁNTAS TRAGEDIAS ME HA LIBRADO Y DE DÓNDE ME HA SACADO.

Por Poco Y Pierdo
A Mi Primogénito,
Cuando Era Pequeño

Éste es otro episodio que pudo terminar en tragedia. Vean ustedes, viajamos de la Ciudad de México a la de La Piedad, Michoacán, en donde visitaríamos a unas tías hermanas de mi madre, yo la había invitado a ella, igual a la persona que me ayudaba en los quehaceres domésticos y también a su hija que era entonces una niña. De la misma manera llevaba a mi primogénito que en aquel tiempo tendría 3 años. Por supuesto que todos los gastos corrieron por mi cuenta, los pasajes de autobús, las comidas y otras "chucherías" (sodas, dulces, panecillos, etc.). Y todavía así, las personas que iban conmigo no cooperaban en por lo menos cuidar de mi pequeño hijo, mientras que yo les compraba sus alimentos y antojos.

Tal como lo habíamos planeado desde un principio, estuvimos un par de días en esa hermosa ciudad visitando a la familia, luego volvimos a emprender nuestro camino, ahora hacia Morelia, capital del estado de Michoacán, en donde visitaríamos a otras de mis tías.

Antes de adentrarnos en la Central Camionera del lugar para abordar otro autobús, entramos en una tienda y compré unas sodas (refrescos) con los cuales acompañaríamos y degustaríamos unas exquisitas tortas que previamente había comprado.

Bueno, la cosa fue que la hija de mi empleada doméstica tomó un pastelito de chocolate envuelto en papel celofán que obviamente también pagué y luego salimos de allí y nos dirigimos al autobús. Entonces, ya sentadas dentro de éste, mi mamá y mi empleada vieron el pastelito que llevaba la niña y exclamaron que ellas también querían uno.

Como aún había tiempo, bajé del autobús y fui a comprar las golosinas que me pidieron, pero al subir al transporte me di cuenta que mi hijo no estaba con ellas y alarmada pregunté.

–¿En dónde está mi hijo, en dónde está mi niño? Grité.

Pero nadie sabía en dónde estaba mi hijo, nadie me había ayudado llevándolo de la mano.

¡Jesús bendito!, exclamé, ¡casi me da un infarto!

Entonces, desesperada, nuevamente bajé del autobús y eché a correr hacia las puertas, porque había varias, y fue que Dios me guio porque me dirigí a una en especial, ya habían transcurrido al menos 10 minutos y si alguien se había llevado a mi hijo me llevaría una buena ventaja de tiempo.

De manera que salí por esa puerta y volteé hacia una calle recta y muy a lo lejos alcancé a distinguir una mujer que llevaba a un pequeño de la mano, inmediatamente reconocí que era mi pequeño hijo.

Por supuesto que tuve que correr para cerciorarme a quién llevaba aquella persona, pero lo hice sin gritar, sólo corriendo para no llamar la atención. Cuando estuve cerca de la mujer que se había llevado a mi hijo, entonces sí grité y se lo arrebaté.

–¡Deténgase ahí! ¿Adónde lleva a mi hijo!

–¡Ay!, ¿es su hijo? Como lo vi solito me lo traje, porque fue así como perdí al mío. Dijo la mujer.

Pero eso era mentira, cuando regresé a Central Camionera ya estaba allí la policía con las demás personas que iban conmigo. Estaban buscando a mi hijo voceando por los altavoces, e inclusive el autobús se retrasó en su salida por nosotros porque se hizo un gran alboroto. Allí me comentaron, que desde hacía tiempo estaban buscando a esa mujer que ya se había robado varios niños, que ella los había desaparecido. Entonces yo les di las señas (descripción) de ella para que les fuera más fácil localizarla. Ojalá que la hayan atrapado.

Y gracias a Dios recuperé a mi amado hijo.

Como esas cosas otras tantas han pasado en mi vida, sin embargo sigo de pie, sigo fiel en mi fe porque a mi Señor Jesús le ha placido mantenerme así para que yo no aparte ni un solo segundo la vista de Él y siempre ponga la mirada en el Todopoderoso hasta la venida de Él.

Que Dios los bendiga siempre.

Mary Escamilla.

EN PEDAZOS Y CON CICATRICES, PERO ME MANTENGO FIRME Y DE PIE COMO BUEN SOLDADO DE JESUCRISTO

Desde Pequeña Fui Perseguida

Ya antes les había comentado que el Señor puso un aguijón en mí, eso significa que he tenido ciclos de sufrimiento corporal, algunos provocados por enfermedad o por accidentes que he tenido el infortunio de vivir. Por ejemplo, vean lo siguiente:

Cuando tenía 4 años de edad contraje una enfermedad que el común de la gente conocía como 'paperas' (parotitis), un contagio que se incuba en las glándulas salivales, el cual me provocaba gran dolor y una inflamación del lado derecho de mi rostro y que abarcaba desde el cuello hasta mis pómulos. Siendo una niña y viendo lo grotesca que estaba mi cara hinchada, mi familia me separó momentáneamente de mis hermanos para que ellos no se fueran a contagiar también. Obviamente que ellos y algunos de nuestros vecinos niños se burlaban de mí.

Según decía la gente, 'las paperas' sanaban en un par de semanas al máximo y no dejaban secuelas, pero a mí sí me dejó una secuela que duró tres largos años.

Imagine usted qué trauma siendo yo una niña tan pequeña.

Gracias a mi Señor y Salvador paulatinamente esa herida se fue cerrando aunque dejó una cicatriz permanente en mi cuello. Todavía siento calosfríos cuando recuerdo cómo, a cada rato, con trozos de papel o trapos sucios me limpiaba esas emanaciones purulentas. Pude haberme causado una gran infección, pero no fue así.

Y el ciclo seguía...

A continuación, cuando ya contaba con 7 años de edad, sufrí el atropellamiento que detallé al principio, mismo que me llevó cuatro años para la recuperación total. Les comenté que tuve once fracturas de cráneo, 26 puntadas en el labio superior, la pérdida total de mis dientes de la parte superior y otra vez gracias a Dios que todavía no había mudado mis 'dientes de leche', si no me habría quedado 'chimuela'. Sin embargo, durante el atropellamiento, un tubo del auto que me arrolló se me clavó exactamente en el cuello, en el sitio por el cual supuré sangre y pus durante años.

De igual manera, tuve fractura de la pierna izquierda al mismo tiempo fractura del brazo derecho, los cuales me postraron durante un año ya que ambas partes me las enyesaron (inmovilizaron con yeso). Les cuento que fue traumático para mí, estuve 22 días en coma en el hospital y los médicos aseguraban que se si me salvaba de esa, quedaría en una silla de ruedas. De igual manera, los médicos ya pensaban en colocarme un 'botón' en la tráquea para que por medio de él pudiera yo hablar; sí, ellos diagnosticaban que quedaría dañada de las cuerdas bucales de por vida, imposibilitada para articular palabra.

Asimismo, su diagnóstico aseguraba que si eso no sucedía, lo cual en efecto no sucedió, por las fracturas que había sufrido en mi cabeza se me desarrollaría un tumor porque había quedado un coágulo dentro de la misma y que, a mis 20 años, irremediablemente moriría, lo cual tampoco pasó. Para Gloria y Honra de Dios han pasado más de 40 años y nunca sucedió su oscuro diagnóstico, una vez más quedó avergonzado el reino de las tinieblas, porque mi Señor tenía planes para mi vida y su pronóstico era de sanidad total para servirle a Él.

Por otro lado, cuando ya tenía 13 o 14 años, sufrí otro atropellamiento, éste con algunas consecuencias más leves. Resulta que a mí me gustaba mucho montar bicicleta una o dos horas los fines de semana porque cabe mencionar que en ese tiempo ya estudiaba y trabajaba, lógicamente el tiempo disponible lo ocupaba para hacer ejercicio y esa mala tarde un camión venía a alta velocidad y no le dio tiempo de frenar ni a mí tampoco y sucedió que me voló por los aires con todo y bicicleta.

Este camión no me pasó por encima, no me atropelló como en mi anterior accidente, pero sí me estrelló y bien fuerte, un golpe tremendo, contra un poste del alumbrado público. ¡Wow!, increíble. Hoy que Dios trae todo esto a mi memoria, yo misma puedo creer cómo me levanté, tomé la bicicleta como pude y con pena ya siendo una adolescente, me fui junto con la bicicleta pero ahora caminando pues ésta quedó toda 'desconchinflada' de la rueda delantera (chueca).

Eso también trajo consecuencias posteriores ya que uno de mis dedos del pie derecho fue dañado, posiblemente se lastimó ese día, al momento no sentí dolor pero posteriormente hasta se me desprendió toda la uña. Cabe mencionar que todo ese tiempo sentí mucho dolor pero fue tolerable, hasta que ya no aguanté y ¡oh sorpresa!, cuando fui con el doctor ¡qué susto me llevé!, habían pasado seis u ocho meses de aquel accidente y casi me amputaban (cortaban) el dedo, porque toda mi pierna estaba a punto de gangrenar.

Pero aun así seguí estudiando y trabajando me iba en el transporte público con un huarache (chancla) y un zapato. ¡Qué chistosa me he de ver visto! Pero siempre he sido una guerrera, no me he dejado vencer por ninguna de las circunstancias por muy terribles que hayan pasado en mi vida. Siempre me paro en la brecha y le digo a mi Señor, heme aquí, yo estoy para servirte.

Y seguimos con el aguijón en la carne

Posteriormente me casé y sucedió lo del envenenamiento que les relaté al principio. Cuando uno es joven siente que se le acaba el mundo con cualquier cosa que le pase. Yo pensaba que contaba con el apoyo incondicional de mi esposo, pero no fue así, mi exsuegra usó mentiras para lograr que yo me fuera de su casa creándonos a mi marido y a mí un problema muy grande.

Agobiada por el sufrimiento de una separación marital, joven e inexperta como era, recurrí a tomar medicamentos con el fin de quitarme la vida, lo que no conseguí. Pero eso sí, recuerdo los malestares que me dejaron los lavados de estómago, las sondas que tuve que soportar en mi boca, nariz y todo mi cuerpo, más otros tratamientos a los cuales fui sujeta por mi falta de conocimiento, discernimiento y desobediencia. ¡Vaya, cuánta falta de sabiduría. Tratar de quitarme la vida cuando yo no soy dueña de ella! Solamente Dios la da y la quita.

Natural, pero hermoso y muy doloroso

Dada mi juventud creo que no estaba preparada para ser madre y mi primer hijo nació a través de una cesárea la cual mi cuerpo tardó entre tres o cuatro meses para poderme recuperar. Eso fue ya que también hubo complicaciones, porque fue una practicante que estaba de guardia ese día quien realizó la cesárea, no fue la doctora ginecóloga ya que ella aún no llegaba al hospital y fui ingresada rápidamente.

Fue demasiado el corte que realizó la practicante en mi vientre y por esa razón mi recuperación fue más lenta porque se trató de mala práctica médica.

Faltaba más

Pasado ese episodio y tiempo más tarde, cuando me estaba sintiendo plena, sucedió que mi esposo me dijo: "Oye, ¿qué te está pasando? Estás dormida y de repente te quedas como si dejaras de respirar. Me preocupa que esté sucediendo eso, debes ir al médico para que él vea por qué estás respirando con esa dificultad".

Así que acudí a un amigo, el cual me recomendó a un cirujano plástico en lugar de un otorrinolaringólogo que era lo que yo necesitaba porque tenía el tabique nasal desviado, para que éste diera su diagnóstico referente al mal que me aquejaba. Él, luego de revisarme, me dijo que debía realizarme una cirugía para corregir el mal y de paso hacerme una labor cosmética ya que entonces yo tenía la "nariz un poco aguileña" con una giba, herencia de mi señora madre. Lo que me dijo me entusiasmó mucho.

Las palabras textuales de este médico fueron: "Anímate, te hago la cirugía, te corrijo el problemita de respiración y te dejo una nariz bien bonita".

Sin consultar y sin pedir opinión y sin sabiduría dije sí, fijamos la fecha de la cirugía que fue tres semanas después, me dio indicaciones de preparación para el procedimiento y confieso que me sentía muy entusiasmada sin saber que esa mentada cirugía en lugar de corregir el problema me trajo muchos, múltiples problemas más, porque para mi problema de respiración debido a la desviación del tabique nasal, él no era el indicado para hacerlo, él era cirujano plástico y someterme a su cirugía casi me cuesta la vida.

A las dos semanas de la operación se me juntó toda la mucosidad en los senos nasales y se me puso la frente como un marciano, parecía que tenía la cabeza de huevo y me llevaron de emergencia nuevamente al hospital porque me estaba dando un paro respiratorio.

Gracias a Dios, nuevamente tengo que agradecer tanto a mi Señor y Salvador que me ha librado de la muerte varias veces. Cabe mencionar que aun en ese tiempo yo no tenía una relación personal con Él, pero Él ya sabía que yo le iba a servir.

Y me recuperé no sin que antes, en los dos años posteriores, tuvieron que practicarme dos cirugías más en la nariz para poder corregir mi problema de respiración.

Dos cesáreas más, de mi segundo y tercer hijo

Como les mencioné antes, mi cuerpo era tan frágil que mi recuperación de cada cesárea era lenta y dolorosa. Así continúa mi vida en pedazos, pero de pie y firme en mi fe. Toda esas remembranzas que escribo como mi Testimonio, en su tiempo han sido dolorosas y me llevan a la reflexión que mi Señor siempre me tiene un aguijón, así como el Apóstol Pablo se basaba y deleitaba en la Gracia del Señor, asimismo lo hago yo, no importan las sombras, los valles de muerte que tenga que pasar, mi fe es grande y mi confianza está en el Todopoderoso. Me deleito en el Señor y Él en su Palabra me habla bien claro y me dice: "Que el que persevere hasta el final será salvo".

Más tribulaciones y aflicciones

Tiempo después un día preparando la comida para mi familia, porque me gusta mucho cocinar y siempre lo he hecho con cuidado, sin embargo, un día no sé qué pasó, cortando una zanahoria para ponerla en la sopa, al mismo tiempo casi me corté un dedo, muy poquito faltó para que se me desprendiera. Asustada por tanta sangre que emanaba grité y estaba un vecino cerca el cual me hizo el favor de llevarme de emergencia al hospital en su auto; yo tenía mucho dolor y como en ese tiempo ya estaba viviendo en Estados Unidos, yo no sabía los procedimientos de este país y pensé que me atenderían inmediatamente ya que llevaba mi dedo envuelto en un pedazo de tela que iba tinta en sangre, lo cual no fue así ya que llegaron dos policías a la sala de emergencia donde yo estaba sentada para interrogarme y más que a mí al vecino pues ya hasta se lo querían llevar detenido pensando que él me había cortado el dedo. ¡Qué terrible fue pasar por todo eso! Por fin todo se aclaró, que estaba yo cocinando y accidentalmente me había cortado el dedo. Me ingresaron al hospital y afortunadamente todavía pudieron coserlo en su lugar. ¡Qué bendición!

Más adelante

Siempre había sido una mujer de senos pequeños, no sé qué pasó o tal vez fue un desbalance hormonal, pero lo que para muchas mujeres sería una gran satisfacción para mí fue tribulación, de un día para otro me empezaron a crecer los senos tan descomunalmente que de ser talla 32 A llegué a talla 38 C. me sentía muy descontenta, cada día tenía que comprar ropa cada vez más grande por ese crecimiento inexplicable y tenía fuertes dolores de espalda porque eso no era normal, así que un buen día decidí por recomendación de mi doctor, hacerme una reducción de senos, una vez más vuelvo a tener complicaciones porque duré dos años sin que las heridas pudieran cerrar del todo, en ese lapso de tiempo siguieron supurando líquidos y el doctor no podía cerrarlas con nada. Dos veces intentó saturarlas (coserlas) y se abrían de nuevo, así que mi Gran Testimonio es que todo mi cuerpo o la mayoría de é por una o por otra cosa han tenido que ser mutiladas y ha sido un proceso muy doloroso durante todo ese tiempo de mi vida. Y vienen más pruebas.

Por otro lado

Puedo asegurarles que soy una persona que se alimenta saludable dados mis conocimientos y los dones y talentos que el Señor me ha dado, practico ejercicio, estoy sana, no colesterol, no artritis, no diabetes, no alta presión, etcétera. Sin embargo, mi lema es "el enemigo siempre me ha tirado a matar, como ustedes lo han leído en este libro desde el principio.

Pero a Nuestro Señor Jesucristo le ha placido darme más vida y vida en abundancia.

Un día trabajando con mucho entusiasmo en mi ministerio de la salud, de repente me ocurrió algo, tuve un fuerte dolor que no me dejaba ni respirar. Las personas alrededor de mí pensaron que me iba a dar un infarto, inclusive los paramédicos pensaron lo mismo y me pusieron nitroglicerina. Pero no fue así, posteriormente me realizaron varios estudios para ver qué era lo que yo tenía, lo cual me llevó a permanecer durante diez días en el hospital, muriéndome por el dolor.

Fueron tantas las dosis de morfina que allí me aplicaron, que en realidad me estaban provocando una pancreatitis. Eso lo hacían para tenerme dormida pues ellos no podían diagnosticar lo que yo tenía, unos creían que se trataba de la vesícula, otros que los riñones. Lo cierto era que no atinaban ni concordaban acerca de mi mal.

Y resultó ser una piedra (cálculo) que me estaba obstruyendo en conducto biliar lo que me había causado ese dolor tan terrible.

Muchas cosas y pruebas más habrán de venir porque hoy en mi tercera edad puedo decirles que me siento como de 30 o máximo de 40 años, sigo sirviendo al Señor con entusiasmo, he sufrido algunas otras caídas, que me he lastimado un brazo o una pierna, pero me siento bien. Salto y danzo para el Señor, levanto las manos y brinco para alabarlo y digo: "Heme aquí Señor por tu Gracia y misericordia me mantienes de pie y avergonzando siempre al reino de las tinieblas, porque Tú peleas por mí, me llevas de gloria en gloria y de victoria en victoria porque siempre vas delante de mí y que se haga tu voluntad en mi vida siempre".

Día a día agradezco que me hayas llamado a servirte y que me permitas seguir viviendo un día a la vez.

De Esto Parte Mi Testimonio

Amados, éste es mi Testimonio. No pretendo ser ni persuadir a nadie, mucho menos juzgar o señalar, únicamente escribí mi Testimonio y la intención de mi corazón es para edificar o exhortar, así como darles palabras de aliento a las personas que hayan pasado o estén pasando por situaciones iguales a las mías o similares. Sepan que el Señor contesta todas las peticiones de tu corazón de acuerdo a la relación que tú lleves con Él, cuando Él es tu amigo y tú lo reconoces como tu Padre y Él te reconoce como su hijo.

Él sabe lo que tú necesitas antes que tú se lo pidas, porque Él conoce la intención de tu corazón y escudriña tu mente, así como sabe todo tu pasado, el presente y el futuro.

Y concluyo con invitarlos a que sigamos caminando con Él porque Él se merece toda la Honra, la Gloria y el Honor, y para mí es un gran privilegio y mucho agradecimiento porque le sirvo al Rey de reyes y Señor de señores y soy su princesa, su hija amada.

Te invito a que inclines tu rostro y pongas la mirada en el Todopoderoso, en la Cruz del Calvario que es el altar de Cristo y hagamos una oración: Amado Padre Celestial, te doy las gracias por la salvación de mi alma, por el perdón de mis pecados, por la sanación de mi cuerpo y por mandar a tu hijo a morir por mí y derramar toda su preciosa sangre para redimirme en esa Cruz por mis pecados pasados, presentes y futuros. Toda la Gloria y la honra son para ti. Amén, amén, amén.

Aclaración

Asimismo, como aclaración, siempre nombré "mi tercer hijo" en este libro, la razón fue porque cuando comencé a escribirlo mi tercer hijo, del cual les narré su gran testimonio, en realidad es mi hija, mi princesa amada, una dulce jovencita que estaba en obesidad y que por sus malas decisiones tuvo que pasar grandes tribulaciones.

Y el motivo por el cual yo no escribí o más bien no la describí como mi hija, fue porque hasta ese momento no tenía el consentimiento de ella para dar públicamente su testimonio.

Sin embargo, ahora que ha escrito su propio libro, me ha permitido decir que fue a ella, una mujercita, a quien le pasó lo peor de toda la historia antes narrada y no a sus hermanos que son varones.

Muchas gracias por terminar de leer mi Gran Testimonio.

Y a todas esas madres que están pasando en este momento por cualquiera de estas circunstancias narradas en este Testimonio, les digo y les doy palabras de aliento, no desmayen y siempre pongan la mirada en el Señor Jesús, que cualquiera que sea su prueba, tribulación o situación, Él les va a dar la Dirección y la Instrucción que necesitan para pasarla, porque de Él viene nuestro socorro.

No se rindan, párense en la brecha y digan: "Heme aquí Señor, envíame a mí que yo iré por todos los perdidos que aún no te conocen y predicaré tu Evangelio a toda criatura y a toda nación".

Y sean agradecidos amados, porque el Todopoderoso es Omnipresente, Omnisciente y Omnipotente, nunca nos abandona ni nos dejará, Él con nosotros va a estar hasta el último momento de nuestras vidas y hasta la eternidad. Y que si Él los pasa por tribulaciones y pruebas, todo obra para bien.

Confíen en Él, Él es único que nunca falla y que nos ama.

Bendiciones del Altísimo Padre Celestial para todos mis amados.

Reverenda, Doctora Mary Escamilla.

MIS DEMÁS HIJOS

Del mismo modo, de mis otros cinco hijos de crianza, pasé pruebas y tribulaciones, también por su mala cabeza. Ellos nacieron de mi corazón, a los cuales el Señor me dejó que convivieran conmigo, que crecieran en mi hogar, porque todos ellos son una bendición en mi vida. De ellos no doy su Testimonio porque ellos tienen el propio suyo y van a testificar más adelante. Sin embargo, también pasaron tribulaciones, desiertos, pruebas y valles de sombra, de muerte. Pero ahora le sirven a nuestro Señor Jesucristo, ellos y todos sus hijos, qué bendición, qué agradecimiento a Dios por las grandes maravillas que ha obrado en la vida de cada uno de ellos y en la mía propia.

Epílogo

Después de haber cortado las cadenas del maltrato, de abuso y haber perdonado a aquellas personas que sin querer yo también les hice daño, les pido perdón y los perdono de lo que yo también hice. Me ofendieron y me lastimaron, pero ahora vivo feliz y en paz conmigo misma. Además, para mí ha sido un placer dar más que recibir, eso ha mantenido mi corazón sin rencor y haciendo el bien, he tenido misericordia amando a mi prójimo y orando por mis enemigos y por las personas que yo ofendí y me ofendieron los he perdonado. Y eso me liberó de tener cadenas de amargura, de venganza, de rencor y de odio.

¿Y usted querido lector, está pasando por algo parecido? Puede hacerlo si está sufriendo, si le están haciendo daño o usted a ellos, o si ellos significan algo negativo en su vida. Usted tiene derecho a vivir plenamente, a gozar de la vida, de la caída del agua, del sonido del mar, del canto de las aves, de las maravillas que Dios ha hecho.

Contemple el cielo y vea lo hermoso de un atardecer, agradezca a Dios, ame a su prójimo como a sí mismo, valórese y no permita nunca que le hagan daño ya sea por envidia, celos, ignorancia o maldad. A veces la gente, el ser humano, causa tropiezos y no se da cuenta del daño que puede provocar en la vida o en la mente de los demás, pero lastiman su corazón o usted el de ellos. Perdone, porque el perdón le da liberación y al mismo tiempo usted es perdonado por Dios.

Si está pasando por esto yo lo invito a que cambie su vida, a que olvide las cosas malas y recuerde siempre las buenas; sobre todo si ya reconoció que ofendió o cometió pecado, pida perdón y arrepiéntase, así tendrá un día mejor que el anterior, viva un día a la vez, con nuevas metas por alcanzar. Porque el mundo es de los valientes, de los que arrebatan el Reino, porque el Señor le da toda la fortaleza, porque de Él viene su socorro siempre, poniendo la mirada en el Señor Jesucristo. Sea humilde. Forme su carácter, usted puede ser su propio psicólogo. Mire siempre a lo Alto porque de allí viene su ayuda, lo que usted necesita, así como lo hice yo y ahí mantengo mi mirada en Dios Todopoderoso. Recuerde bien que "nadie puede hacer nada por usted, porque únicamente Dios puede ayudarle". Manténgase siempre así y siga la Dirección Divina con discernimiento y conocimiento, recuerde que usted no le va a ayudar a Dios, Dios le ayudará a usted. Le da gozo, paz, prosperidad y sanidad, su salud mental, física y espiritual, sea valiente, esfuércese, porque el Señor nos dio un espíritu de poder y dominio propio.

Les he contado el testimonio de mi vida y las más grandes tribulaciones y pruebas que he pasado. Sin embargo, le sonrío a la vida, sirvo a los demás, ahora no devuelvo mal por mal, siempre hago el bien y bendigo, no maltrato a nadie y si lo ofendo inmediatamente me arrepiento y pido perdón. Y siempre he estado dispuesta a darlo todo por una causa justa, siguiendo la instrucción de mi Creador; ser misericordioso con todos y dar por Gracia lo que recibo por Gracia.

Vivir un día a la vez agradecido con Dios y sin rencor, olvidar el pasado, vivir el hoy y disfrutar las maravillas de Dios. Lo importante de este día es que usted se levante temprano y pueda ver el nuevo y hermoso amanecer con la salida del sol. ¡Eso es maravilloso! Saber que usted está vivo, sin importar cuáles ni cuántas sean sus cargas o responsabilidades. ¿Cuál es su ministerio al que Dios le ha llamado y qué tiene que hacer por los demás? Del mismo modo, Él le da la Dirección Divina que usted debe tomar en su vida diaria, esa instrucción que nunca debe dejar; la Palabra de Dios que está escrita en la Biblia. Recuerde siempre, la oración tiene poder, ore sin cesar y doble rodilla. Del mismo modo Dios contestará las peticiones de su corazón, de acuerdo a sus propósitos en su vida.

Haga todas las cosas con positivismo y energía, cumpla sus tareas o misiones con alegría. Porque eso sí, le puedo decir con entera satisfacción que gracias a Dios, a pesar de haber pasado por experiencias terribles a lo largo de mi vida, no me convertí en una persona amargada, frustrada, histérica, traumada o loca.

No, gracias a la gran misericordia de Dios yo misma con la ayuda y fortaleza de Él, decidí romper las cadenas generacionales de maldición, se perdió el eslabón de la esclavitud en la que viví parte de mi niñez, juventud y hasta en la madurez salí de la oscuridad a la luz. Y les aseguro que nunca más quiero recuperar esa etapa de mi vida porque gracias a la paz que Dios me dio aprendí a ser feliz con lo que tengo, porque Él me da lo que necesito, no lo que yo quiero. Y vivo muy agradecida con mi Señor y Salvador Jesucristo por el regalo de vida, la salvación de mi alma y el perdón de mis pecados.

Del mismo modo, yo lo invito a que usted ¡no viva una vida sin propósito!, que también usted como yo lo hice, rompa las cadenas generacionales en el nombre de Jesús. ¡Pero hágalo ya! Y confíe plenamente que el Todopoderoso siempre respalda a sus hijos amados, porque Él nunca avergüenza a sus hijos cuando aprenden a ser humildes y obedientes a su Palabra, Él nos exalta en público, cuando nosotros aprendemos a humillarnos en privado ante Él y reconocemos nuestros pecados.

Que el Señor Todopoderoso les bendiga. Y si usted no ha recibido a Jesús en su corazón, le invito a que haga una oración ahora mismo, le aseguro que su vida nunca será igual:

"Amado Padre Celestial, te doy las gracias por haber mandado a tu Unigénito Hijo a morir por mí en la Cruz del Calvario para el perdón de todos mis pecados. Hoy me arrepiento y te acepto como mi único Señor y Salvador de mi vida. Entra a mi corazón y sé el dueño y Señor. Transfórmame porque sé que eres un Dios vivo que resucitó al tercer día de entre los muertos y ahora vives en mi corazón. Amén, amén, amén".

Reverenda, Doctora Mary Escamilla.

**Frases
Edificantes
Para tu vida…**

Mary Escamilla
Dra. ❤

Dios me pasó
Por el desierto
Para llevarme
A la Tierra
Prometida.

Mary Escamilla
Dra. ♥

La Vid

El Señor
Me dio
Gracia,
Perdón
Y Amor.

Mary Escamilla
Dra. 🖤

La Vid

Dios fue y es
Mi fortaleza,
Me guardó
Y me amó.

Mary Escamilla
Dra. ♥

La Vid

Fueron días
De oscuridad
Y dolor, pero
Salí a la Luz.

Mary Escamilla
Dra.

La Vid

El buen Liderazgo Empieza en Tu hogar, con Tu ejemplo.

Mary Escamilla
Dra.

La Vid

El verdadero
Arrepentimiento
Trae transformación
Y bendición a tu vida.

Mary Escamilla
Dra. ♥

El liderazgo
Se ejerce
Desde el
Campo de
Batalla.

Mary Escamilla
Dra.

La Vid

Pruebas de fuego,
Al mismo tiempo
Pasé por muchas
Tribulaciones Familiares.

Dra. ❤

La Vid

Todo, absolutamente
Todo, lo puedo en
Cristo que siempre
Me fortalece.

Mary Escamilla
Dra.

La Vid

Mi devoción,
Mi entrega,
Mi fidelidad
Y mi vida,
Le pertenecen
A Dios
Todopoderoso.

Mary Escamilla
Dra. 🖤

La Vid

En medio de la prueba
Le preguntaba a Dios,
¿Por qué a mí?
Y le oraba y lo adoraba
Con un corazón contrito y
Humillado.

Mary Escamilla
Dra. 🖤

La Vid

Una gran verdad,
Dios siempre
Estuvo conmigo y
Nadie pudo
Contra mí.

Dra.

La Vid

Amados, no saben
Cuántas lágrimas
Derramé, pero el
Señor las enjugó
Y me Consoló.

Mary Escamilla
Dra. 🖤

Muchas veces
Parecía que no
Sobreviviría a la
Prueba que estaba
Pasando, pero Dios
En su infinita
Misericordia me
Confortaba.

Dra.

La Vid

Mi fe en
El Señor
Siempre es
Fuerte y firme.

Mary Escamilla
Dra. 🖤

La Vid

Dios me dio
Dones, talentos
Y una gran fe
Para activarlos.

Mary Escamilla
Dra. 🖤

La Vid

Cuando estaba
Quebrantada
Encontré la
Fortaleza en
Jesucristo.

Mary Escamilla
Dra. 🖤

La Vid

Me reconcilié
Con Dios y
Encontré la paz
Espiritual que
Tanto necesitaba.

Mary Escamilla
Dra. 🖤

La Vid

Siempre esperé
La buena cosecha
De parte de Dios,
Porque Él me ha
Dado al ciento
Por uno.

Mary Escamilla
Dra. ♥

La Vid

Dios me dio un
Espíritu de dominio
Propio para poder
Enfrentar todas las
Pruebas.

Mary Escamilla
Dra. ♥

La Vid

Siempre confié
En Dios y
Caminaba siempre Con fe,
poniendo
La mirada en Él.

Mary Escamilla
Dra.

La Vid

Nunca me bloqueó
El miedo, todo lo
Contrario, me enfrenté
A él y el Señor
Me hizo valiente.

Mary Escamilla
Dra. 🖤

La presencia
Del Espíritu Santo
Siempre la he
Experimentado en
Mi vida.

Mary Escamilla
Dra. 🖤

La Vid

En esta vida he
Aprendido a
Ponerme de
Rodillas y a orar
Sin cesar.

Mary Escamilla
Dra.

Me han calumniado,
Me han perseguido,
Me han señalado,
Me han vituperado,
Han hablado mentiras
De mi persona, pero
Yo todo se lo he dejado
A Él como el Dios de la
Verdad.

Mary Escamilla
Dra.

La Vid

El enemigo me ha
Tirado a matar
Muchas veces,
Pero de todas ellas
Dios Me ha librado.

Mary Escamilla
Dra. ♥

La Vid

A mi Rey
Le ha placido
Llevarme a
Conocer más
De 44 países.
¡Qué bendición!
Estoy muy
Agradecida con Él.

Mary Escamilla
Dra. 🖤

La Vid

**También he
Recibido
Disciplina
Muy fuerte
Por parte
Del Señor.**

Mary Escamilla
Dra. 🖤

La Vid

Donde
Abunda la
Maldad
Sobreabunda
La Gracia.

Mary Escamilla
Dra.

189

Gracias amados, mil gracias y bendiciones, por
darse el tiempo de leer este libro de Mi Testimonio.
La honra y la Gloria son para Dios.
Espero les haya ministrado en cualquier área de su vida.
Si están pasando por algo similar o igual a lo que yo pasé,
no se rindan, confíen en el Todopoderoso que Él en su
Omnipotencia nunca los va a abandonar y Él siempre
los ayudará porque siempre va delante de nosotros.
Hasta la próxima y muchas bendiciones.

Reverenda, Doctora Mary Escamilla.

Con cicatrices Y en pedazos En todo mi Cuerpo, le Sirvo al Señor.

Me puse el calzado de la paz para poder caminar
en integridad y predicar el Evangelio con la paz
de Dios que sobrepasa todo entendimiento.
Tomé el escudo de la fe en Cristo Jesús, me revestí con la
armadura de Dios, el yelmo de la Salvación y me liberé de
toda atadura pensando siempre con la mente de Jesucristo.
Me protegí con la Coraza de Justicia de mi Señor y
entonces me regocijé en la victoria, porque recibí
a Jesucristo como mi Salvador Personal.

Reverenda, Doctora Mary Escamilla.

Printed in the United States
By Bookmasters